墨香财经学术文库

"十二五"辽宁省重点图书出版规划项目

新疆生产建设兵团哲学社会科学基金项目（13YB07）最终研究成果
石河子大学经济与管理学院优秀学术专著出版资助项目
石河子大学兵团金融发展研究中心研究成果

U0674537

Study on the Promotion of Corps

Agricultural Industrialization by Using Agricultural Futures Market

利用农产品期货市场推动兵团农业产业化升级研究

孙志红　张娜　谢婷婷 ◎著

东北财经大学出版社
Dongbei University of Finance & Economics Press
大连

图书在版编目（CIP）数据

利用农产品期货市场推动兵团农业产业化升级研究 / 孙志红，张娜，谢婷婷著.
—大连：东北财经大学出版社，2017.5
（墨香财经学术文库）
ISBN 978-7-5654-2768-8

Ⅰ．利… Ⅱ．①孙… ②张… ③谢… Ⅲ．①农产品–期货市场–研究–中国 ②兵团农业–农业产业化–产业结构升级–研究–新疆 Ⅳ．①F832.5 ②F324.1

中国版本图书馆CIP数据核字（2017）第099749号

东北财经大学出版社出版发行

　　大连市黑石礁尖山街217号　　邮政编码　116025
　　网　　址：http：//www.dufep.cn
　　读者信箱：dufep @ dufe.edu.cn
虎彩印艺股份有限公司印刷

幅面尺寸：170mm×240mm　字数：123千字　印张：9　插页：1
2017年5月第1版　　　　2017年5月第1次印刷
责任编辑：石真珍　　　　责任校对：孟　鑫
封面设计：冀贵收　　　　版式设计：钟福建
定价：32.00元

本专著是新疆生产建设兵团哲学社会科学基金项目（13YB07）最终研究成果，石河子大学兵团金融发展研究中心和石河子大学"3152"高层次人才培养支持计划研究成果，获得石河子大学经济与管理学院优秀学术专著出版资助。

前言

　　农业产业化是促进农民增收的根本出路，是实现新疆生产建设兵团（以下简称兵团）农业现代化的现实选择。但是，一方面，农业的弱质性以及国际农产品价格的不确定性加大了兵团订单农业的违约风险，兵团农业产业化的发展面临严峻挑战；另一方面，在经济全球化背景下，兵团农产品的小生产与大市场矛盾更加突出，农业与市场的有机联结成为影响兵团农业产业化的核心问题。农产品期货市场具有规避风险、价格发现的功能，有助于降低订单农业违约风险、优化种植结构、提高兵团农产品的市场竞争力、解决兵团农产品小生产与大市场的矛盾。

　　2013年1月5日，兵团党委六届十一次全委（扩大）会议指出：兵团将稳步提升农业综合生产能力，着力构建现代农业社会化支撑服务体系，大力培育扶持农业产业化龙头企业，全面提升兵团农业产业化水平。当前，尽管兵团农业产业化的程度不断加深，在解决"三农"问题中取得了显著成果，但农业产业化仍面临很多挑战，农产品价格波动在一定程度上形成经营风险。

　　本书以农产品期货市场基本功能为切入点，对国内外期货市场的基本功能、影响农业产业优化发展的主要因素（订单履约问题和农产品流通问题），以及农业产业化经营主体利用农产品期货市场存在的障碍进行文献综述，总结出农产品期货市场在促进农业产业化发展方面的具体体现，分析兵团农业产业化的发展现状及存在的问题；运用博弈论的方法论证农产品期货市场的功能，证明农产品期货市场能有效规避传统订单农业的价格风险，促进农户增收；通过案例分析，运用农业大省四川省的相关数据证明农产品期货的套期保值功能有利于提高农业龙头企业的内在价值，促进农业产业化的发展；通过调研资料，整理得出发展兵团农产品期货市场存在的障碍因素；以国内农产品期货服务农业产业化的成功经验，研究利用农产品期货市场促进兵团农业产业集团化发展的可能性，进而探索适合兵团农业产业化发展的有效模式，并提出设立农产品期货交易市场新疆分中心服务新疆、兵团经济发展的建议。

本书的研究意义在于，根据《关于进一步加快兵团金融发展的指导意见》中兵团金融发展的重点，即要引导期货公司转型升级，探索适应兵团企业参与期货业务的基本模式和途径，支持企业尤其是涉农企业、民营中小企业参与和利用国内期货市场进行套期保值，规避风险，为探讨新疆兵团农业产业化发展问题提供新的视角和框架；结合兵团农业产业化发展的现状，以农产品期货市场的功能为切入点，研究利用农产品期货市场促进兵团农业现代化升级问题，为相关部门提供理论与数量化实证依据，从而实现另一条切实可行的促进兵团农业产业化发展的道路。

本书的创新点体现在：（1）以农产品期货市场的功能为切入点，围绕农产品期货市场服务农业产业化这一核心，着力解决当前兵团农业产业化发展中的现实问题，具有重大的理论意义和现实意义；（2）采用定性与定量的研究方法研究农产品期货市场服务兵团农业产业化的可行性；（3）运用案例分析方法，多角度分析国内的成功经验，进而结合兵团特殊的组织体制提出相关的政策建议。

由于作者能力所限，本书存在一定的不足和进一步深入探讨的空间。例如，由于省域差异，相关统计数据会因统计口径、核算方法的不同而存在数据误差，因此在今后的研究中还需要借助其他推断方法做进一步的比较判断，以便减少"误差"数据的传递。本书涉及的农产品产业链和其他参与主体有限，在今后的研究中，要对兵团更多的农产品产业链各端的参与主体做进一步的扩展研究设计，并在某一领域开展应用研究。兵团多层次资本市场包括期货市场分析以及将期货市场的利用和绿色经济、绿色金融结合起来也是进一步研究的方向。

作　者
2017 年 1 月

目录

第一章　绪论

第一节　国内外研究现状述评及研究意义

农业产业化是促进农民增收的根本出路，是实现兵团现代农业的现实选择。但是，一方面，农业的弱质性以及国际农产品价格不确定性加大了兵团订单农业的违约风险，使得兵团农业产业化的发展面临严峻挑战；另一方面，在经济全球化背景下，兵团农产品的小生产与大市场矛盾更加突出，农业与市场的有机联结成为影响兵团农业产业化的核心问题。而农产品期货市场具有套期保值、价格发现的功能，可以降低订单农业违约风险、优化种植结构、提高兵团农产品的市场竞争力，解决兵团小生产与大市场的问题。

一、国内外研究现状述评

（一）关于订单农业违约风险的研究

订单农业是指，在农作物播种前，农民先与涉农企业签订产销合同，再根据合同需求组织生产，涉农企业则按合同收购农产品。订单农业是我国农业产业化发展的主要模式，而订单农业违约率高是目前影响我国农业产业化发展的最根本和迫切需要解决的问题。从国外研究看，关于订单农业违约问题的研究大多集中在发展中国家且从组织自身因素和法律制度方面展开研究。Rusden（1996）、Beckmann 和 Borger（2002）、Vick（2002）分别对其当地订单农业发展中的问题进行了研究，提出信息不完全性、违约法律成本低等是阻碍订单农业发展的重要因素。

由于国内订单农业的高违约率（我国订单农业的违约率高达80.1%），国内关于订单农业违约方面的研究主要集中于解决方式，对违约原因的分析大致相同，主要是从农户自身规模、农户和企业力量的不均等、农业的弱质性（生产周期长、农户须承担自然风险和市场风险双重风险等）等方面进行定性分析。对于这一问题的定量分析，大多集中于价格波动（叶兴庆，2002）、交易成本（陈艳、邓旭，2005；谈圣伊，2007；曾湘文，2010）等角度，并阐述了导致这些风险的原因是现货市场的复杂性和不确定性，提出大力发展农产品期货市场有利于促进我国订单农业的发展。

（二）关于期货服务农业及农业产业化发展问题的研究

乔立娟（2011）主要从农业产业化进程中农户的角度展开研究，从农户的弱势地位及获取信息的难度等方面解释农户风险产生的原因，提出通过增加农户组织规模能有效防范风险。杨芳（2011）认为，违约风险是我国订单农业面临的主要问题，引入农户、投机者、收购商，用市场均衡模型进行实证分析，认为"订单+期货"模式是解决目前我国订单农业违约风险的最佳选择。

由此可见，将土地化零为整，推进农业产业化是形势所需。而要形成一个完善的农业产业化链，涉及的主体很多，包含农资生产企业、农户、加工企业、销售企业，并且链条上的各主体间必须相互协调与合作才能达到农业产业化的要求。与现货市场相比，期货市场服务农业产业化的模式主要是"订单+期货"。

理论上，该模式通过反映市场需求的订单将销售环节移至产前，引导农民根据市场需求来安排生产，这在一定程度上既降低了农民生产的盲目性，又满足了消费者的需求，有效规避了价格风险。可以说，订单农业在推动我国农业产业化过程中作用重大。但是，订单农业在发展过程中也存在种种问题，如信息不对称、风险转移渠道不足、订单履约率低、订单标准不统一等。而进入期货市场后，风险转移的途径很多，订单农业在生产过程中存在的问题将得以解决。

（三）关于我国期货公司服务实体产业模式的研究

对期货公司服务实体产业模式的研究具有重要的现实意义，国内有许多学者很早就开始关注并且进行了相应的总结。刘岩（2008）提出了期货市场服务"三农"中的"公司+农户"模式，通过研究表明在目前条件下，可加快"公司+农户"基础较好、关系农户利益的大品种期货推出步伐，推动期货市场融入现行"公司+农户"成功模式，充分利用企业进行初期市场培育，同时积极寻求涉农信贷对期货市场的支持。国内期货公司也对此做出了长期的探索和深入的研究。永安期货公司逐步摸索出五位一体的产业服务体系，紧紧围绕"立足产业、服务产业"的经营理念，把期货公司的发展融入地方产业经济循环，促进期货为产业服务；中国国际期货公司提出了期货市场应该服务产业链的建议；方正期货推出的"期货下乡"为现代农业保驾护航，成为期货公司服务农业模式的新的探索。

（四）简要评述

国内外学者对农产品期货市场与农业产业化发展问题都做了一定的研究，由于经济环境不同，国外学者对发展中国家的现实国情认识不深，研究缺乏针对性。国内学者对农产品期货市场与农业产业化发展问题的研究较多，但不够全面，尤其采用定量的方法研究农产品期货促进农业产业化的相关文献较少。因此，本书将在已有研究成果的基础上，从金融的视角，结合兵团组织体制特点，研究兵团农业产业化如何有效利用农产品期货市场问题，无论从理论意义还是从实践意义来说，本研究都是十分必要的。

二、研究意义

兵团党委六届十一次全委（扩大）会议指出：兵团将稳步提升农业综合生产能力，着力构建现代农业社会化支撑服务体系；大力培育扶持农业产业化龙头企业，全面提升兵团农业产业化水平。当前，兵团农业产业化的进程不断加深，农业产业化在解决"三农"问题上取得显著成果，但面临着很多挑战，企业和职工由于农产品价格波动，在一定程度上面临经营风险。根据《关于进一步加快兵团金融发展的指导意见》中兵团金融发展的重点，要引导期货公司转型升级，探索适应兵团企业参与期货业务的基本模式和途径，支持企业尤其是涉农企业、民营中小企业参与和利用国内期货市场进行套期保值，规避风险。同时，结合兵团农业产业化发展的现状，以农产品期货市场的功能为切入点，研究利用农产品期货市场促进兵团农业现代化升级问题。

为有效降低兵团订单农业的违约风险，化解兵团农产品的小生产与大市场更加突出的矛盾，实现农业与市场的有机联结，充分运用农产品期货市场规避风险、价格发现的功能降低订单农业违约风险、优化种植结构、提高兵团农产品的市场竞争力，解决兵团小生产与大市场的问题，本书试图从期货市场功能这一视角，探讨利用农产品期货市场促进兵团农业现代化升级问题，以期实现另一条切实可行的促进兵团农业产业化发展的道路。

（1）兵团在农业产业化发展中利用农产品期货市场促进升级的程度十分微小，不足以形成重要影响，充分发展农产品期货市场促进农业产业化发展的研究是一项有必要的课题。

（2）运用"公司+农户""期货+订单农业"模式，让农户通过相关企业间接实现对期货市场的充分参与，但各类投资者、现货企业、各级行政机关以及生产经营者在对期货市场的认识上仍然存在不同程度的偏颇，现货生产和贸易企业的经营理念仍有误区。

（3）充分利用农产品期货市场对提升兵团农业产业化水平，有力推进农业信息化、标准化、科学化、现代化的助推器作用。农产品价格的波动是影响农业经济发展的重要因素，而套期保值、锁定价格风险等是农产品期货具有的重要作用。

（4）农产品期货市场可有效转移兵团农业产业化经营的风险。随着农业市场化的逐渐推进，农产品市场价格的波动性不断增强，农业产业化往往通过订单农业实现。在农作物播种前，农民先与涉农企业签订产销合同，再根据合同需求组织生产，涉农企业则按合同收购农产品。理论上，该模式通过反映市场需求的订单将销售环节移至生产前，引导农民根据市场需求来安排生产，这在一定程度上降低了农民生产的盲目性，有效规避了价格风险。

第二节　研究介绍

一、基本思路与方法

（一）研究思路

本书以农产品期货市场基本功能为切入点，首先对国内外期货市场的基本功能，影响农业产业优化发展的主要因素（订单履约问题和农产品流通问题），以及农业产业化经营主体利用农产品期货市场存在的障碍进行文献综述，指出农产品期货市场在促进农业产业化发展方面的具体体现，再分析兵团农业产业化发展现状及存在问题；运用博弈论的方法论证农产品期货市场的功能，证明农产品期货市场能有效规避传统订单农业的价格风险，促进农户增收；通过案例分析，运用农业大省四川省的相关数据证明农产品期货的套期保值功能有利于提高农业龙头企业的内在价值，促进农业产业化的发展；通过调研资料，整理得出发展兵团农产品期货市场存在的障碍因素；以国内农产品期货服务农业产业化的成功经验，研究利用农产品期货市场促进兵团农业产业集团化发展的可能性，进而探索适合兵团农业产业化发展的有效模式，并提出成立农产品期货交易市场新疆分中心服务新疆、兵团经济发展的建议。

（二）研究方法

1.归纳演绎法

本书在广泛收集国内外有关农业产业化以及农产品期货市场相关理

论的基础上，结合我国农业产业化发展现状，采用归纳演绎法探索农产品期货市场如何有效促进兵团农业产业化的发展。

2.定量分析方法

本书在分析我国农产品期货市场发展现状时，运用定量分析方法探讨农产品期货市场如何为兵团农业产业化发展提供服务。

3.横向比较法

本书在研究农产品期货市场促进兵团农业产业化发展及存在的一些问题的同时，借鉴国内利用农产品期货市场促进农业产业化的经验，进行横向比较，对于解决当前兵团农业产业化面临的问题，促进兵团农业产业化的发展，以及不断完善我国农产品期货市场制度、法律法规具有重要的现实意义。

二、重点与难点

第一，研究兵团特殊组织体制下利用农产品期货市场促进兵团农业产业化发展的问题，以此为对象探讨农产品期货服务农业产业化动态影响效应。

第二，构建农产品期货市场服务兵团农业产业化程度的定量模型，其难点是关键参数的估计。本书运用兵团涉农企业的调查数据，采用误差修正模型估计相关值。

第三，利用农产品期货市场促进兵团农业产业化发展的理论与现实依据。

第四，利用农产品期货市场促进兵团农业产业化发展的合理性与现实性。

第五，利用农产品期货市场促进兵团农业产业化发展的措施的可行性和实践性。

三、主要观点和创新之处

（一）主要观点

第一，农产品期货市场作为农产品价格发现与农业市场风险规避的重要场所，在传统农业向现代农业转型的历史进程中日益受到决策层的重视。在农业生产领域的多种风险管理工具中，期货与期权具有特殊地位。受国情与经济发展状况限制，传统意义上的兵团农户对期货市场基本没有直接利用，农户普遍资金匮乏，没有足够的期货知识，经营规模与期货市场合约要求相差甚远，对价格风险只能消极应对。

第二，在交易所推行市场服务的过程中，一些农民合作组织逐步产生，并在具体操作过程中初步参与期货市场，但兵团在农业产业化发展中利用农产品期货市场促进升级的程度还十分微小，不足以形成重要影响。

第三，兵团有必要让农户通过相关企业间接实现对期货市场的部分参与，但各类投资者、现货企业、各级行政机关以及生产经营者在对期货市场的认识上仍然存在不同程度的偏颇，期货知识缺乏，现货生产和贸易企业的经营理念仍有误区。

（二）研究创新

第一，本研究以农产品期货市场的功能为切入点，围绕农产品期货市场服务农业产业化发展这一核心，根据兵团农业产业化发展现状，运用农产品期货市场解决当前兵团农业产业化发展中的一些问题，具有重大的理论意义和现实意义。

第二，本研究采用定性与定量的研究方法研究农产品期货市场服务兵团农业产业化，得出农产品期货市场促进兵团农业产业化发展的可行性。

第三，本研究运用案例多角度分析国内企业的成功经验，进而结合兵团特殊的组织体制提出相关的政策建议。

四、农业产业化概念界定

农业产业化的基本含义是：在市场经济中，以国内外市场为导向，以经济效益为核心，通过合股、签约等合作形式，实施"利益共享、风险共担"的经营机制，对本地的支柱性农业及主导农产品（或农作物）实施专业化生产、一体化经营、企业化管理、区域化分工布局及社会化服务，依托龙头企业带动，使产供销、农工贸等有机结合，最终形成一条龙的经营体制，构建农业扩大再生产的完整体系。

农业产业化的实质是在市场化基础和龙头企业的带动下，使农业走向集约化和市场化，使传统自然经济的农业向商品化产业转变，引进中介组织和建立联结机制，通过农户和市场的对接来解决分散的小农户与大市场之间的矛盾。

（一）兵团农业产业化中涉及的农产品期货种类、农产品期货市场功能

1. 兵团农业产业化中涉及的农产品期货种类

农产品期货是以大宗种植物、林业产品、畜牧业及其加工品为基础的期货品种。它主要有四大种类：粮油品种期货（包括小麦、大麦、大豆、玉米、高粱、豆粕等）、经济作物期货（包括棉花、糖、咖啡、可可、天然橡胶等）、林产品期货（包括木材、胶合板等）、畜产品期货（包括活牛、生猪、冷冻五花肉、羊绒、羊毛等）。兵团主要涉及的农产品期货有小麦、棉花、大豆、玉米等。

2. 农产品期货市场的特有功能

（1）价格发现功能。价格发现功能是指期货市场能够预测未来现货价格的变动，发现未来的现货价格，原因是期货市场是一种接近于完全竞争市场的高度组织化和规范化的市场，有大量的买者和卖者，采用集中的公开竞价交易方式，各种信息高度聚集并迅速传播，能形成真实有效的反映供求关系的期货价格。此功能有助于生产经营者做出合理的决策，避免盲目性，可以调节市场供求，调整农业生产结构，保证农产品基本价格稳定。

（2）规避风险功能。规避风险功能是指期货市场能够规避现货价格波动的风险，这主要是通过套期保值交易实现的，即以一个市场的盈利抵补另一个市场的亏损，原因是期货与现货市场价格受到相同的供求因素影响，因而两者价格同方向变动且最终趋同。此功能可帮助参与者规避现货市场价格风险，锁定生产成本，实现预期利润，使生产经营免受价格波动干扰，稳定生产和流通。

（二）本课题研究范围

农产品期货与农业产业化的内容范围较广，根据兵团的经济特性，考虑调研情况的反馈，本书大体选取兵团产业各环节涉及主要农作物的

企业及与我国目前在期货市场上存在交易的农产品紧密相关的主体（组织）为研究对象，包括涉农生产组织（包括团场职工）、涉农流通企业、终端涉农消费企业，提出扩大兵团合作经济组织规模、给予兵团农业产业化金融支持、提升兵团期货经纪公司的服务功能、设立农产品期货交易市场新疆分中心等措施建议。

第二章 兵团利用农产品期货市场促进农业产业化升级的理论基础

本章的研究基于农产品期货市场的价格发现功能与套期保值功能展开，由此衍生出农产品期货市场促进农业产业化升级的四种功能，主要体现在：第一，熨平农产品市场价格波动，保证农民增收；第二，转移农业产业化经营的风险；第三，推动生产模式变革，并带动相关产业链发展；第四，加快农业生产的信息化进程。

第一节 农产品期货市场功能理论

一、农产品期货市场的价格发现功能

理论界对期货市场价格发现功能的表述有很多，如：萨缪尔森认为，期货市场的价格发现是指期货价格在理论上等于对期货合约到期日的现货价格的条件期望；Hoffman（1932）认为，期货市场的价格发现功能是指期货价格能够提前反映出现货价格未来的变动趋势；还有学者

认为，期货市场价格发现机制特指期货市场所具有的通过公开竞价形成的、能够表明现货市场未来价格变动趋势的功能与机制。综合上述三个观点得出，期货市场的价格发现是指在期货市场中通过公开竞价交易能够形成较为公平、公正、权威的价格。

众所周知，影响价格的因素有很多，在实际交易中市场价格往往是偏离均衡价格的。而价格发现也并非期货市场特有的功能，现货市场同样具有，只是期货市场特有的机制能够大大提高其价格发现的效率，使市场价格更趋近均衡价格。现代经济学研究结果表明，信息的不完全性和不对称性导致价格扭曲和市场失灵，而期货市场是一种接近于完全竞争市场的高度组织化和规范化的市场，又有大量的买者和卖者，采用集中的公开竞价交易方式，各类信息高度聚集并迅速传播。期货市场的价格形成机制较为成熟，能够形成真实有效的反映供求关系的期货价格，而且这种价格具有公开性、连续性、预测性，使得期货价格能够及时向公众披露，连续不断地传递到现货市场。可见，农产品期货市场的价格发现功能能够帮助农民根据供求因素的变化科学预知农产品未来市场价格，进而调整生产经营策略。

二、农产品期货市场的套期保值功能

套期保值是期货市场的基本功能之一。套期保值的基本特征是在现货市场和期货市场对同一种类的商品同时进行数量相等但方向相反的买卖活动，即在买进或卖出现货的同时，在期货市场上卖出或买进同等数量的期货，经过一段时间，当价格变动使现货买卖上出现盈亏时，可由期货交易上的亏盈得到抵消或弥补，从而在"现"与"期"之间、近期和远期之间建立一种对冲机制，以使价格风险降到最低限度。在现货市场上，价格波动风险是最大的一种风险。现货市场往往会因为产品供给的形成期和缩减期以及现货市场价格的局限性和价格调节机制的滞后而出现周期性的波动。随着商品流转，风险也会转移。如果只有现货市场，价格风险一旦产生就很难规避。这种风险给农业生产者、经营者都带来很大的不稳定性。因此，规避价格风险十分必要。

在农产品期货市场，套期保值指农户或涉农企业通过持有与其现货市场头寸相反的期货合约，或将期货合约作为其现货市场未来要进行交易的替代物，以期对冲价格风险。通过套期保值，可以降低风险对农户经营活动的影响，实现稳健经营。

第二节 农产品期货市场促进农业产业化升级的作用机理

由于农业生产的特殊性，农产品价格的波动是影响农业经济发展的重要因素，而套期保值、锁定价格风险等是农产品期货具有的重要作用，因此，完善与发展农产品期货市场有利于提升农业产业化水平，可有力推进农业信息化、标准化、科学化、现代化。从微观层面看，企业可以利用期货市场进行风险管理，提高市场化管理水平；从中观层面看，期货市场可以推动行业整合，优化资源配置，避免产业盲目发展；从宏观层面看，在国家宏观调控过程中，期货市场既能为调控政策的制定提供重要的信息参考，又能成为实施调控政策的有力工具，营造一个相对平稳的发展环境，为企业在复杂形势下参与全球竞争和应对外部挑战提供有效缓冲。不仅如此，期货市场独特的风险管理功能在促进经济发展方式转变过程中能够发挥巨大推动作用，为国家实现调结构、转方式，推进科学发展的战略提供有效途径和重要工具[①]。

一、农产品期货市场可熨平市场价格波动，保证农民增收

众所周知，供求关系决定价格，价格反映供求关系，商品价格能否真实反映市场的供求状况，直接影响农户的生产经营决策。在农产品现货市场上，商品价格只反映当前的供求关系，却不能反映在未来一定时期内可能发生的供求关系变化。在单一的现货市场条件下，由于农业生产周期长，农户只能根据上一生产周期某种农产品的市场价格安排生产，而交易时却必须按即期市场价格进行交换。这种现货价格信号的滞后性使农户面临较大的市场风险。当某种农产品供不应求时，价格上

---

① 杨迈军. 打造一流期货市场服务实体经济发展 [J]. 求是，2012 (12).

涨，生产规模扩大；当某种农产品供大于求时，价格下降，生产规模缩小，又会形成新一轮供不应求的局面；如此循环往复，农业生产陷入"蛛网循环"的怪圈，农业生产能力受到较大伤害，影响了农民增收。

对未来价格缺乏预期，不仅损害了农户利益，还会导致未来的市场风险。作为农业产业化经营主体，不仅仅是农户，还有龙头企业、中介组织，都应对市场价格信息进行预期，而利用农产品期货市场可以较好地解决上述问题。期货市场上聚集着众多的交易者，汇集着各方面的供求信息，经过多空双方的激烈竞争形成的期货价格具有较强的预期性和真实性。由于期货价格能够预先反映未来市场的供求状况，也能够对未来一定时期的潜在需求进行超前调节，因此期货价格具有生产指导意义。农户根据农产品期货市场提供的较为真实的远期价格信息来安排生产，就可以将价格的滞后调节改变为预先调节，降低生产前的不确定性，增强农产品种植结构的合理性，避免生产的盲目性，进而提高农民的预期收益。

二、农产品期货市场可有效转移农业产业化经营的风险

随着农业市场化的逐渐推进，农产品市场价格的波动性在增强。农业产业化往往通过订单农业实现。在农作物播种前，农民先与涉农企业签订产销合同，再根据合同需求组织生产，涉农企业则按合同收购农产品。理论上，该模式通过反映市场需求的订单将销售环节移至生产前，引导农民根据市场需求来安排生产，这在一定程度上降低了农民生产的盲目性，有效规避了价格风险。订单形式虽使农户的风险得到了转移，但风险高度集中于龙头企业。发展农产品期货市场，可使处于龙头地位的企业利用"期货+订单农业"模式，在原有的"公司+农户"模式的基础上合理利用期货市场转移价格风险的功能，规避企业经营风险。龙头企业可参照期货市场的价格与农户签订购销订单，通过期货市场进行套期保值，在种植或收获之前就将产品卖到期货市场，从而从根本上解决产销脱节问题，规避价格风险，提高订单履约率，促进订单农业的实施和完善。

三、农产品期货市场可推动生产模式变革，带动相关产业链发展

农业生产的主体为农户，生产规模小、生产分散的问题十分突出，难以适应现代农业标准化、规模化、产业化的需要。期货交易是标准化期货合约交易，合约中的各项条款，如商品数量、质量、保证金比率、交割地点、交割方式以及交易方式等都是标准化的，尤其是对交割标的物有严格的质量规定。期货合约的交割标准能引导龙头企业通过"公司+农户""期货+订单农业"的模式，化零为整，使分散的农民联合起来进入市场，组织农民实行集约化、标准化农业生产经营，实现农业的小生产与大市场的有效对接，促进土地与劳动力通过各种途径与资本结合，进行规模化生产，能够有力地转变我国延续了几千年的小农经济模式。

期货交易还能延伸相关品种的产业链，推进农产品加工转化增值。通过期货市场可发现丰富、准确、权威的价格信息和供求信息，引导社会资金投资相关产业，从而转移市场风险，增强抗风险能力，进而带动一长串相关产业的发展。

四、农产品期货市场可加快农业生产信息化进程

成熟的期货市场不仅能够为我国企业参与国际市场竞争提供平台，还可以大大提高我国企业应对风险的能力。农业领域对农业信息化的定义是，广泛应用信息技术与信息网络服务于农业生产、销售、服务等各个环节，建立并完善关系农业发展的各种数据库，在保障农业生产高效、稳定、持续的同时，不断促进农业经济发展的现代化与国际化。

目前我国农村信息传播渠道极为有限，农业信息化程度低，而农产品期货市场则聚集了广泛的农业信息，并将分散的信息有效整合起来，通过发布价格信号等引导农民采购、种植、销售，为农民增收提供保障。

农业生产的影响因素有很多，如气候、环境等，其中价格信息对农业生产的影响最为明显，在日趋国际化的今天，农业生产还受国际经

济、政治环境等因素的制约。面临国内外诸多不确定因素的影响，及时、准确地获得农业生产相关价格信息对农民来说尤为重要，能够帮助农民减少损失，获得收益。而农产品期货市场上诸如合作社、政府相关机构的加入，使得农产品价格信息更具有权威性，有助于准确预测农产品未来价格，并且能顺利将这些信息通过期货市场的信息系统及时传播到全国各地，有助于构建完善的农产品价格信息数据库。作为农产品价格信息主要来源的农产品期货市场，通过涉农企业、合作社以及相关政府机构的通力协作，借助农村有线电视、互联网以及专门的农业网站等，将各类农业生产的有效信息整合在一起，服务农业生产，推动并完善了农业信息网络建设，也提高了信息网络的使用率。农产品期货市场作为信息高度集中的场所，有利于调控部门利用其直接功能对农业信息资源进行合理配置，也有利于实现既定目标，使信息资源更好地发挥其功能。

第三章 兵团农业产业化发展现状及存在的问题

　　一直以来，新疆都是一个以农业发达闻名的自治区，一提到新疆人们马上就会想到棉花、葡萄、哈密瓜等特色农产品。虽然随着社会的进步，农业在新疆的产业地位有所下降，但农业对新疆经济建设的影响依然是显著的，可以说新疆农业的发展在很大程度上影响其经济的发展。这对于新疆生产建设兵团这样一个依靠农业起家、肩负着国家"屯垦戍边"使命的特殊区域来说更不例外。兵团要想发展地区经济，首先必须处理好农业发展的问题，而现阶段促进农业发展最有效的方式就是走农业产业化道路，实现农业生产的改革与创新。早在 2006 年，兵团各级部门就意识到了农业改革发展的重要性，组织召开农业产业化会议，提出实施兵团农业产业化"6221"工程，即集中发展 6 个主导产业，培育 20 家大型龙头企业，做优 20 个全国知名品牌，建设 10 类优质特色农产品生产基地。在研读了大量学者的文献资料后，笔者认为，农业产业化就是指将农作物的生产、加工、销售组成一个完整的产业链，这一产业链可以紧紧地将农民、团场、企业等联系在一起，实现农业、工业、商业的有机结合，并且在这一产业链运行的过程中提高科技利用率，进行高效作业，不断延长产业链，深化产业结构，最终生产出适应市场需要的高质量农产品的一种农业发展模式。

兵团地区进行农业产业化经营很有必要，周国胜、王世荣（2004）就提出了这一观点。他们认为，兵团加快农业产业化经营具有重要性和紧迫性，这是兵团农业适应经济全球化的形势要求，是推进兵团农业和团场市场化的根本措施，是实现西部大开发的有效途径。基于此，本书认为，兵团必须加速进行农业产业化经营。首先，这是由现实的经济形势所决定的。在实行农业产业化经营以前，兵团借鉴国际经验进行农工商综合经营，虽然这一农业发展方式在当时也对农业经济产生了很好的促进作用，但就长期来看，这种农业生产方式造成兵团农业、工业、商业各自为政，不能形成一个有机的整体，也就很难发挥出经济规模化、集约化的优势。过去，兵团地区的农产品加工业发展滞后，农产品加工率特别是精深加工率低，农业的综合实力不强，农业产业化经营水平较低。这些问题都阻碍了兵团农业现代化的发展，兵团迫切地需要进行农业改革，进行农业产业化经营。其次，兵团实施农业产业化经营会给兵团发展带来很多好处。第一，农业产业化经营强调科技创新，农业生产的现代化和机械化可以大大提高农作物的产量和品质。第二，农业产业化经营更注重农产品的精深加工，提高农产品的附加值。第三，农业产业化发展可以带动一批相关企业的发展，进而促进兵团工商业的发展，对兵团经济的发展有很强的带动作用。并且，随着农业产业化经营的进一步深化，兵团地区的市场经济会得以解放，市场化程度提高，为企业发展创造出一个更加活跃的外部环境。第四，农业产业化经营能够很好地将农民、团场、企业结合起来，形成一个利益共同体，发挥出经济集约的效应。总的来说，就是兵团经济要想长远发展，就必须走农业产业化的道路，农业产业化经营是符合现代农业发展需要、适应经济发展新形势的正确的农业经营方式。因此，本章着重分析兵团农业产业化发展的现状及存在的问题，以期为兵团农业产业化发展提出针对性意见，推动兵团农业产业化的进程。

第一节　兵团农业产业化发展现状

兵团自 2006 年召开农业产业化会议以来，产业结构逐渐合理化，由 2006 年的 39：26：35 调整为 2014 年的 24：45：31，工业比重明显上升。虽然从总的产业规模来看农业所占比重有所下降，但单就农业本身来说，其生产总值处于连年上升的趋势。2014 年，兵团农业生产总值较上年增长了 7.9%，对经济的贡献率也比 2013 年上升 0.1 个百分点。再从农业发展的具体事宜来看，2014 年，兵团全年农作物的播种面积为 1 327.85 千公顷，其中以棉花的种植面积最广，超过了农作物播种总面积的一半。不仅如此，棉花的产量在这些年也取得了大幅度提高。2006 年，兵团棉花产量首次突破百万吨，达到 110.82 万吨，到了 2014 年这一数字上升到 163.61 万吨，增长了将近 50%。此外，像粮食、蔬菜、水果等农作物的产量也都获得了很大提升。兵团农业整体呈现出一片欣欣向荣的景象。具体来看，兵团农业产业化发展至今，与农民利益联结得更紧密了，从事农业生产加工的企业也快速增多，在兵团政策的引导下，农业产业化发展的环境不断优化，农业生产科技含量提高，优质特色农产品生产基地也初具规模。

一、农业产业化发展与农民利益联结更加紧密

兵团进行农业产业化发展以来，农业的生产总值不断提升，农业生产所获收益也越来越多。这对于农民来说是一件好事，农产品的增值可以使他们取得更多收入，人民生活好了，才能保障兵团政治的稳定、经济的进步。然而，在兵团农业产业化发展的初级阶段，存在严重的农业产业化经营利益联结机制不健全的问题。兵团农业局（2008），邵丽珠（2009），李景慧、李保成（2010）等都提出了兵团农业产业化存在利益联结机制不健全的问题，认为农业产业化内部各市场主体之间责权不够明确，合同订单不规范，诚信意识淡薄，订单履约率较低，利益纠纷时有发生，社会信用体系不健全，以农工专业合作经济组织为重点的各类

中介组织发展缓慢，利益共享、风险共担的机制还没有形成，制约了农业产业化的健康发展。对此，兵团制定"土地承包经营、产权明晰到户、农资集中采供、产品订单收购"的团场基本经营制度，来改善龙头企业、团场、基地、农业合作经济组织与农户间的利益分配问题。此外，兵团还通过制定农产品保护性定价等措施来更好地保护农户，维护农户的利益。除了这些外部保护之外，随着农业产业化的发展，农户与市场的联系更密切，农户的眼界变宽，自我保护意识也不断增强，他们自愿成立农业合作经济组织，以团体的形式和农业产业化龙头企业相抗衡。农业产业化发展也促使农民不断学习，农民的法律意识不断增强，在与相关企业合作时懂得通过签订利益分配合同等方式来保障自身的权益。农业产业化也推动了相关企业的深化改革，它们不断完善自身的体制机制，诚信经营，一些企业主动对农业生产所获利润进行公平配置，不侵害农户的利益，甚至和农户形成利益共同体。近些年来，农户、团场积极以土地、资金、技术等生产要素入股，和企业之间形成了利益共享、风险共担的经济共同体，农业产业化发展与农户利益的联结更为紧密。兵团农业产业化的发展，促使农民收入不断提高，生活条件得以改善。到 2014 年，兵团居民人均可支配收入为 22 803 元，比上年增长 10.3%，无论是城镇居民还是农村居民的可支配收入都有较大提高。

二、农业产业化组织大量增加，对整个产业的引导能力增强

农业产业化组织的形式有很多种，其中对产业影响最大的要数农业产业化龙头企业和农业合作经济组织。近年来，兵团农业产业化经营的进一步发展，带动了很多农产品生产加工企业和各种农产品生产协会的成立，农业产业化组织的数量大幅增加。2014 年，兵团拥有各级农业产业化龙头企业 476 家，其中，国家级的有 15 家，兵团级的有 90 家，年销售收入过 10 亿元的有 18 家。而 2011 年，兵团仅有各级农业产业化龙头企业 69 家，其中，国家级的有 15 家，兵团级的有 54 家，年销售收入过 10 亿元的有 12 家。在短短 4 年里，国家级和兵团级农业产业化龙头企业就增加了 36 家，平均每

年新成立 9 家。兵团农业产业化带动了龙头企业的发展，龙头企业的发展又反过来促进了兵团农业产业化的进步。随着龙头企业数量的增多，它们对于整个产业的引领作用也在不断增强。2011 年，龙头企业带动农户数为 42 万户，而到了 2014 年龙头企业带动团场农户达到近 126 万户，带动能力提升了 2 倍。兵团现有 14 家上市企业，其中差不多有一半的企业是农业产业化龙头企业。这其中，从事番茄制品生产加工的新疆中基实业股份有限公司，年加工能力超过 50 万吨，位于世界第二位，公司产品畅销欧美 67 个国家和地区，在番茄制品行业有着举足轻重的地位；从事农业种植、牧业养殖以及畜牧业产品生产加工与销售的新疆塔里木综合开发股份有限公司，2014 年的总资产达到 244 805.85 万元；主要从事白酒生产与销售的新疆伊力特实业股份有限公司，2014 年也实现营业收入 162 829.34 万元；还有从事棉花生产的新疆赛里木股份有限公司，从事果业种植、加工，鹿产品加工销售的冠农果茸股份有限公司，以及从事奶牛养殖、原奶购销的西部牧业公司。这些企业无论是在兵团还是新疆甚至在全国和国际上都具有一定的影响力，对兵团整个农业产业的引导能力非常强大。刘新华等（2005）分析得出，兵团龙头企业的带动能力有所增强，已形成的以特色优势农副产品加工为主业的农业产业化龙头企业，有力地带动了兵团职工和企业所在市、县地方农户经济，推动了兵团和区域经济的发展。

除了龙头企业以外，兵团农业合作经济组织的数量也在不断上升，对农业产业化的服务、促进作用增强。兵团农业合作经济组织从 2003 年开始发展，到 2006 年兵团召开农业产业化会议时，已经拥有各类农工专业合作经济组织 96 个，其中运作比较规范的有 50 个左右，在工商和民政部门登记注册的有 30 个。这些合作经济组织主要分布在养殖业、果蔬园艺及种植产业，其中从事养殖、果蔬园艺两个产业的专业合作组织占 65% 以上。农二师 24 团养猪协会、农五师北疆红提协会等农业合作经济组织在兵团地区远近闻名。它们为农产品生产提供服务，促进了兵团农业的发展。

三、外部环境不断优化，对兵团农牧团场农业发展的带动作用更加明显

农业产业化发展所涉及的外部环境问题主要包括政策环境、投融资环境、市场发展情况等。在兵团进行农业产业化发展的这些年来，外部环境不断优化，最明显的就体现在政策环境的不断优化上。早在 2006 年，兵团就专门召开农业产业化会议，提出了农业产业化发展的目标与方向。兵团支持农业产业化经营，对此制定各项政策，给兵团农业产业化提供政策支持。并且，兵团还积极引导龙头企业和农业合作经济组织发展，适当为企业提供财政支持。在政策的支持和保护下，兵团农业产业化发展外部环境中的政策环境不断优化。除了政策环境优化以外，兵团农业产业化生产的硬件环境也在不断改善。例如，农作物生产基地的基础设施建设不断完善，农业生产逐步机械化、信息化、现代化，农业基地逐步规范化。截止到 2014 年年底，兵团已建成 1 个全国农业产业化示范基地，4 个全国现代农业示范区，4 个全国农产品加工示范基地，24 个全国"一村一品"示范团场。

随着农业产业化的不断深入，农民与市场、龙头企业与市场、团场与市场的联系都在不断加强，农业市场化水平取得了一定提升，这与农业产业化强调农业生产以市场为导向有着必然的联系。良好的外部环境可以在很大程度上促进经济的发展，兵团农业产业化外部环境的优化促进了兵团农业产业化的发展，兵团农业产业化的发展必将带动兵团农牧团场农业的发展，推动整个农业产业的进步。不过，兵团农业产业化的外部环境依然存在一些问题，例如市场经济发展还很不完善、投融资环境也存在很多问题等。这些问题将在后文中进行具体分析。

四、农业生产的科技含量有所提升

农业产业化提倡农业生产现代化，大力推广农业机械化生产，利用科技来发展农业，实现农业生产的高产、低耗。兵团实施农业产业化以来，农业生产的科技含量不断提升，播种精量，灌溉节水，监测高新，收割机械化，整个农作物生产环节都高科技化。截至 2014 年年底，兵

团地区实现农作物精量半精量种植面积 893 千公顷，而总的农作物播种面积为 1 327.85 千公顷，也就是说有超过一半的农作物都进行精细化种植。高新节水灌溉面积达到 940.12 千公顷，也超过农作物播种面积的一半。种植业耕、种、收的综合机械化率更是高达 93%。这种专业化的生产同样也出现在畜牧业的生产过程中。兵团对畜牧业养殖实行良种培育，高质量饲草喂养，并实现牲畜粪便资源化处理。截至 2014 年年底，畜禽良种推广覆盖率达到 95%，牛羊良种推广覆盖率达到 72% 以上，优质高产饲草种植收获加工示范田达到 1.3 千公顷，养殖粪污资源化利用率达到 65%。除此之外，农业产业化经营也更加有利于农业信息的传播，实现农业生产信息化。

除了原料生产环节的科技含量提高了以外，农产品加工环节的科技水平也有所提升。全国农业产业化优秀重点龙头企业新疆中基实业股份有限公司在番茄生产加工过程中，选取最好的种子播种，采用机械化采收，国家更是在公司设立"博士后科研工作站"，培养了一批适应公司发展需要的高科技人才。2008 年，该公司被认定为国家农产品加工技术研发专业中心唯一的蔬菜加工专业分中心。

五、优质特色农产品基地建设初具规模

兵团"6221"工程提出要建设 10 类优质特色农产品生产基地，分别为棉花、粮食、油糖、番茄、葡萄、香梨、干果、牛羊肉、奶牛、饲草料。到 2016 年，这些农产品基地建设已初具规模。刘新华、仇栋、贾爱萍（2005）指出，兵团的农产品基地建设初具规模，形成了一批优质的棉基地、城市蔬菜供应基地、干果及鲜食葡萄生产基地、酿酒葡萄基地、香梨基地、番茄基地、糖料基地、啤酒大麦基地、啤酒花基地、香料基地、甘草基地、优质奶牛肉牛基地、优质肉羊细毛羊基地、马鹿基地等为主导产业的特色农产品基地。再从具体数据来看，截至 2014 年年底，兵团农作物播种面积为 1 327.85 千公顷，比上年增长 13%，其中棉花种植面积为 700.57 千公顷，增长 18.6%，总产量为 163.61 万吨，增长 11.7%；粮食种植面积为 279.15 千公顷，增长 2.9%，总产量为 222.89 万吨，增长 8%；蔬菜种植面积为 81.21 千公顷，增长

16.2%，总产量为 614.85 万吨，增长 24.5%；牲畜出栏头数，肉、蛋、奶的产量较上年都有所提升。兵团各色农产品的生产规模不断扩大，产量不断增加。农产品生产基地从事某种农产品的专门生产，可以使生产加工更加深化、精细化，使农业生产趋于专业化，还有利于做大做强某种品牌，发挥出经济的规模化、集约化优势，降低农业生产的成本，实现更大的收益。兵团地区根据自身特色发展优势特色农业也可以更好地利用自身的地区优势、自然优势形成地区特色，增强兵团特色农业的影响力。

第二节　兵团农业产业化发展升级存在的问题

兵团的农业产业化发展虽然已经取得了一些成绩，但仍然存在很多问题。例如，农业生产的外部环境还有待进一步优化，农业产业化发展的关键——龙头企业——还存在很多不足，农业合作经济组织建设落后，农业产业化发展地区不平衡以及人才利用较少等。这些问题会大大影响兵团农业产业化的发展升级，不利于兵团经济的进步。

一、外部环境问题

在开展一项经济活动时，若有外部的支持与帮助必定会进展得更顺利，也就是说外部环境对经济发展起着重要的促进作用。兵团在农业产业化发展的过程中，面临着政策环境、投融资环境、市场体系建设以及农业生产基础设施等众多外部环境的干扰。前文提到兵团农业产业化发展的外部环境已经得到优化，但那更多地体现在政策环境的优化方面，其他像投融资环境、市场经济环境等方面还存在一些问题，兵团的体制也需要进一步完善。

（一）兵团的体制还需进一步完善

新疆生产建设兵团是一个集"党、政、军、企"为一体的特殊组织，长期受计划经济的影响，企业的发展严重受制于行政部门的管制。虽然兵团能够认识到农业产业化发展的重要作用，但是由于兵团地区计划经济体制的影响较深，经济发展不能很好地以市场为导向，导致一些政策可能并不适应市场的需要，反而阻碍了农业产业化的发展。王晓娟（2004）就提出兵团农业化发展存在着流通体制改革落后，产业政策与其他诸政策脱节的问题。这些体制方面的问题会影响兵团农业产业化的发展，阻碍兵团农业现代化的进程。农业产业化要求农业生产必须以市场为导向，兵团现在这种经济体制不能完全适应农业产业化的发展需要，尚待进一步改革完善。

（二）对农业产业化发展的金融支持存在一些问题

兵团进行经济建设首先离不开资金的支持。兵团农业产业化这样一个长期巨大的经济发展项目，所需要的资金量也是巨大的，离开了资金的投入，农业产业化建设将寸步难行。近些年来，兵团不断拨款支持农业产业化发展，投资兴建了大量的农产品加工企业和农业合作经济组织。但这些资金大多来自财政税收，只有一小部分是金融资产。大量学者的研究表明，对兵团农业产业化的金融支持力度远远不够。刘云芬（2007）就提出兵团农业产业化发展存在着资金扶持力度不够的问题。张晓莉等（2014）也认为农业产业化的关键龙头企业的融资处于困境之中，金融主体更偏向于向大型国有企业贷款而不愿意帮助小企业发展，并且服务于农村的政策性银行的贷款投资业务也要受到有关政策的限制。

在结合前人成果的基础上，本书认为，兵团对农业产业化发展的金融支持存在以下几点问题。首先，从全国来看，兵团金融业的发展与国内其他地区相比起步晚，发展滞后，兵团拥有金融机构的数量相对较少，金融市场不够规范。其次，具体从兵团金融机构自身来看：第一，金融机构支持的力度远远不够。由于在农业产业化发展的过程中要涉及团场基础设施的建设，而这些公共基础设施的建设盈利很少，这与商业银行的盈利目标就形成了矛盾，故商业银行等金融机构对农业产业化投入的资金就比较少，农业产业化发展更多地依赖于政府拨款。第二，对农业产业化发展的金融支持存在严重的不均衡现象。大型龙头企业由于资产雄厚、影响力大，吸收金融资产的能力就比较强，而小企业却因自身的弱势很难获得金融支持。长此以往，就会使大企业发展得越来越好，小企业由于缺乏资金止步不前，不利于形成良好的企业竞争。第三，融资渠道和融资方式都比较单一。兵团的农业产业化经营更多的是通过向银行贷款来融资，以间接性融资方式为主，而由于兵团农业龙头上市企业较少，对直接融资方式的利用就比较少。第四，农业发展政策性银行并没有发挥出其对农业的扶持作用。兵团在进行农业产业化经营的过程中本身对政策性银行的利用率就比较低，而且政策性银行在进行贷款活动时受到国家很多政策限制，这就导致这些银行不能很好地发挥出其对农业的扶持作用。最后，农业产业化相关金融产品也比较少。现阶段，兵团对与农业相关的金融产品的开发较少，这些产品以保险、期货居多，类型较为单一。兵团金融业应该依据兵团农业产业化发展的现状，开发出更多、更适合的金融产品，还可以利用现代科技发展农业互联网金融。

（三）市场经济发展不成熟

农业产业化经营要求农业生产以市场为导向，市场经济的发展有利于调动经济参与者的生产积极性，提高农产品生产加工企业的竞争力，促使企业生产出更多、更好、更适应市场需求的产品，这些产品的生产销售反过来又能推动企业的发展，带动农业的发展，促进整个社会经济的进步。然而，前文中已提到，兵团地区是一个党、政、军、企合一的特殊行政区域，长期以来以计划经济为主，这就限制了兵团市场经济的发展，造成兵团地区市场经济发展不成熟，市场化程度较低。市场体系不完善会带来很多问题。李文惠（2013）提出，兵团农业产业化发展面临着市场体系不完善的问题，由于兵团市场化程度低，流通服务组织薄弱，配套设施不完善，农产品销路难以打开。农业产业化发展升级的关键就在于建设龙头企业，通过龙头企业的发展来带动整个农业产业的发展。而企业只有在完善的市场经济体制下，通过激烈的竞争，最终才能成长为经得起市场考验的龙头企业。市场经济的残酷性可以使企业不断挖掘生产经营的潜力，计划经济却会使企业不思进取，最终将企业推向消亡。兵团地区市场经济发展不成熟，这对农业产业化龙头企业的发展是十分不利的，龙头企业发展不起来就不能带动农业产业化的优化升级，也就不能实现兵团农业现代化，不能实现兵团社会经济的繁荣。

二、龙头企业问题

大量的研究表明，龙头企业的发展是兵团农业产业化发展的关键，对兵团农业产业化加速发展有着重要的引导带动作用。李万明、魏玲玲（2013）认为，农业产业化龙头企业就像桥梁一样上连市场、下连农户，是农业产业化发展中不可或缺的重要组成部分。刘康华、赵丹（2014）提出发展农业产业化龙头企业是促进农业产业化发展的重要途径。郭艳芹、杨敬（2015）也提出农业产业化龙头企业在整个农业产业化经营过程中发挥巨大的辐射带动作用。综上可知，兵团要想发展农业产业化必须支持相关龙头企业的发展。那么，什么样的企业才可以称得上龙头企业呢？对此，刘勇（2010）在研究兵团农业产业化发展中龙头企业的问题时，提出龙头企业是指拥有一定拳头产品和特色产品，在市场销售中具有相对优势的企业，是农业产业化经营的组织者将各个利益主体联结起来的骨干力量和核心，它是以市场为导向、以效益为中心建立起来的，是农业产业化发展的关键，因此不管规模大小、档次高低，都应积极鼓励其发展。兵团农业产业化发展至今，龙头企业取得了一定发展，龙头企业的数量大幅提升。但是，作为农业产业化发展的关键，龙头企业的建设仍旧存在很多的不足。

（一）大型龙头企业数量少，小规模企业较多

众所周知，企业只有发展到一定规模，才能形成自己的品牌，发挥出其辐射带头的作用，这对于小企业来说很难实现。现阶段，兵团已经意识到龙头企业对于农业产业化发展的重要作用，兴建了一批农业产业化龙头企业，可是这对于兵团地区庞大的农业生产规模来说还是不够的。并且，这些新兴的农产品生产加工企业大多规模较小，实力较弱，辐射带动能力很弱，而那些真正能够带动市场发展的重点龙头企业的数量却很少。2014 年，兵团地区拥有各级农业产业化龙头企业 476 家，其中国家级龙头企业只有 15 家，仅占龙头企业总数的 3%。缺乏大型重点企业造成兵团农业产业化龙头企业影响力小，生产的产品市场占有率低，不能很好地发挥出龙头企业对兵团农业发展的引导带动作用。与大型企业相比，小企业在经济发展中不仅辐射带动作用小，而且还要受

到市场的各种限制与阻碍。就拿企业融资来说，大型企业市场影响力大、经济实力强、经营的风险相对较小，这就使得金融机构更愿意投入大量资金支持它们发展；而小企业规模小、实力弱、经营风险大，金融机构对它们的支持意愿明显减弱，受金融机构各种条件的限制，小企业融资很难。兵团要想更好地发挥龙头企业的辐射带动作用，就必须在兴建和培育更多农产品生产加工企业的同时，加强重点龙头企业建设，增加大型企业的数量，提升企业产品的品质，树立良好的企业形象，进而带动农业产业化发展升级。

（二）市场覆盖面小，辐射能力弱

大多数兵团农业产业化龙头企业由于规模较小、影响力较弱，生产的产品市场覆盖面小。兵团大多数农产品生产加工企业所生产的产品仅限在兵团或是新疆地区销售，在国内市场都很难发现这些产品的影子，更不要说国际市场。并且这些产品的市场竞争力很弱，很容易被市场淘汰，销量也不尽如人意。农业产业化龙头企业产品市场占有率低、辐射带动能力较弱的问题十分不利于其自身的发展，不能很好地发挥出龙头企业的领导带头作用。

（三）科技水平还需提高，企业生产加工产业链短

兵团大多数龙头企业从事农产品原料销售或是农产品初级加工的工作，产业链较短，产品的精深加工程度较低。就拿棉花的生产加工来说，大多数企业就只进行棉花的直接销售，好一点的将棉花稍做加工，弹成棉被再进行销售，很少有企业能够对产品进行深度开发，生产出更多、更好的棉制品。这种农业产业化龙头企业产业链短的问题不利于实现农产品的增值，无法给企业带来更大的收益。此外，大多数企业对于科技手段的利用率很低，不符合现代企业经营的趋势要求。

（四）品牌意识不强，市场竞争能力稍显不足

范公广、崔登峰（2010）专门研究了兵团农业产业化龙头企业的品牌建设问题，提出龙头企业在品牌建设过程中存在品牌营销难度大、品牌管理混乱、品牌营销观念落后以及经营品牌资产意识淡薄的问题。本书认为这其中最严重的问题是企业的品牌意识不强，对品牌的经营和推广工作不重视。兵团农业产业化龙头企业多数规模较小，它们几乎意识

不到品牌带来的巨大增值作用，不注重经营企业品牌，甚至有些企业还生产假冒伪劣产品，严重影响了企业的声誉。到目前为止，兵团农业产业化龙头企业被人熟知的没有几家。然而这一问题会给企业发展带来很多不好的影响，不利于企业做大做强。企业产品品牌不响，企业的知名度就比较小，影响力就会下降，产品市场占有率低，最终导致企业的市场竞争力不足，很可能被市场淘汰。

三、农业合作经济组织问题

农业合作经济组织是指农民自愿联合、民主管理的互助性经济组织，它成立的目的就在于支持农业生产，为农业生产提供某类服务。王士海（2008）提出，兵团地区建立农业合作经济组织是很有必要的，农业合作经济组织可以很好地维护团场职工的利益，推进团场改革；农业合作经济组织还有利于兵团农业产业化的发展，形成"龙头企业+农业合作经济组织+农户"这样一种较为稳定的农业产业化发展模式。前文提到，兵团农业产业化的发展带动了兵团农业合作经济组织的发展，农业合作经济组织发展已取得了一些成就。但是，兵团的农业合作经济组织仍然存在很多问题。柯春宝、付金存（2011）指出，兵团农业合作经济组织规模小，组织化程度低。在结合前人研究的基础上，本书认为，兵团农业合作经济组织存在着以下几点问题：

（一）对农业合作经济组织的重要性认识不到位

现阶段，兵团农业产业化服务主要通过团场提供，农户们并没有意识到合作能给他们带来多大的好处。由于团场的威望很大，农户们遇到什么问题首先就会想到向团场寻求帮助，但团场这么大一个经济组织很难顾及每个农户的利益，从而可能使一些农户的利益受到一定损害。如果农户们自发地组成一个农业生产小团体，也就是农业合作经济组织，就能更好地发挥团体优势，维护好每个农户的利益。因为这些组织本身就是专门针对某种农产品的生产、某项农业服务所成立的，所以它们就可以为组织内部的成员提供专门化服务。这样，通过成立农业合作经济组织，分散的农民个体被结合为一个整体，农民们通过这一整体与农业产业化龙头企业合作，或是直接面向市场进行农产品的销售，就能大大降低个体农户在市场经济中所面临的风险。由于兵团的农业合作经济组织起步较晚，影响力较小，很多农户意识不到它的重要性，不重视培育农业合作经济组织。

（二）发展数量较少，规模较小，形式单一

兵团的农户们由于不能很好地认识到农业合作经济的好处，故很少组成合作团体进行农业产业化经营，这样也就造成了兵团的农业合作经济组织数量较少。不过这种少是相对于其他经济发达地区而言的，就兵团自身来看，经过几年的发展，农业合作经济组织的数量有了大幅度提升。但是，现阶段大多数的农业合作经济组织规模都比较小，影响力不强。除此以外，兵团农业合作经济组织的形式也比较单一，以农作物生产加工为主，像养猪协会、葡萄协会等，而那种专门为农业发展提供某类服务的合作经济组织比较少。兵团可以积极引导农民们建立一些诸如信息传递组织、技术帮助组织、资金融通组织等具有服务性质的农业合作经济组织，帮助农户们更好地解决在农业生产中遇到的问题。更进一步发展，农业合作经济组织述可以为农户提供教育培训、文化娱乐活动等服务，丰富农民的精神生活。

（三）组织管理不规范

兵团地区农业合作经济组织发展较晚，体制机制还不完善，组织管理也不规范。农业合作经济组织管理的原则在于民主，由社员自行管理。但是现阶段，兵团总是会对农业合作经济组织进行干预，在一定程度上使得兵团农业合作经济组织的管理比较混乱，不利于农业产业化的发展。

（四）对农户的吸引力和凝聚力小

农业合作经济组织是在民主、自愿的基础上成立的，农户可以自主选择加入或者退出。由于现阶段农业合作经济组织规模小，管理不规范，融资能力低，导致其作用很难发挥，对农业生产的服务、对农户利益的保护作用都不明。这就使得它们对农户的吸引力较小，农户不愿加入合作经济组织，或出现已经加入的农户退出的现象。

（五）与团场之间存在利益冲突

王士海（2008）提出，兵团团场是一个独立的经济利益主体，它与职工之间存在着利益分割的关系，然而在团场内部组建农业合作经济组织就相当于在国有企业内部组建工人自己的利益组织，它们之间的利益分配存在着冲突。兵团在农业产业化的过程中要解决好农业合作经济组织与团场之间的利益分配问题，只有这样才能形成一个平衡稳定的整体，保障农业合作经济组织更好地发展，有效地发挥出其对农业产业化经营的促进作用。

四、区域发展不平衡问题

很多学者的研究都表明，兵团农业产业化存在着地区发展不平衡的问题。王彦（2009），李景慧、李保成（2010）等都在分析兵团农业产业化发展存在的问题时提到了这一点。兵团地区农业产业化存在着严重的区域发展不平衡问题。像石河子市、五家渠市的农业产业化程度就比较高，而其他兵团区域的农业产业化程度则比较低。也有研究表明，北疆大部分地区的农业加工产值与农业总产值之比远远高于南疆的大部分地区。此外各师之间、团场之间都存在着农业发展不均衡的现象。农业产业化区域发展不平衡，就会导致区域间农业发展不平衡，最终造成地区间经济的失衡。

五、人才利用问题

兵团在农业产业化过程中对人才的利用率比较低。首先，兵团从事农作物生产种植的多为农民，缺乏农业生产技术人员，并且现有的农业生产技术人员中拥有大专及以上学历的人也比较少。现代社会强调农业现代化、生产机械化。虽然农民由于长期进行农作物种植具有丰富的经验，但他们长期局限于团场、兵团这一区域，眼界窄，知识水平低，因循守旧，不愿创新。而农业生产技术人员由于受过专业的教育，汲取了很多其他地区农业生产的经验，他们可以在兵团地区特殊的农业生产条件下将自己所见所学运用于农业生产实践，开发农作物新品、良品，进行农业生产的改革创新。其次，兵团农业人才引进机制存在问题。现阶段，大多数受过高等教育的人不愿意从事农业生产活动，最主要的原因就在于农业发展空间小、收益少。兵团对于农业产业化发展人才的引进也不够重视。这样不仅使得外面的人才不愿意进入兵团，为兵团农业发展提供服务，兵团农牧团场内部的人才也会流失。最后，兵团农业相关组织机构对农民、职工的教育意识淡薄，对相关学校的投资力度较小。在兵团农业产业化发展的过程中，团场等相关组织对农民的培训、农产品生产龙头企业对职工的培训都比较少。农民、职工多是凭借经验、感觉来做事，缺乏专业的技能。并且，兵团地区的高等学院与其他发达地区相比较少，与农业相关的职业院校更是少之又少，这样就很难为兵团农业生产输送高素质、专业化人才，不利于兵团农业产业化的发展。在当今的知识型社会、信息化时代，社会发展的核心在于人才。兵团在农业产业化经营中如果重视对人才的利用，就能不断实现农业生产专业化，进而能够更好地推动农产品创新、农业体制改革，逐步实现兵团农业现代化。所以，兵团在农业产业化发展的过程中应适当引进高素质人才，为兵团农业的发展注入新鲜的血液。

六、小结

兵团农业产业化发展至今，取得了很大成就，但是仍然存在很多问题。这些问题的存在会大大影响兵团农业产业化的推广与深化，阻碍兵团农业现代化的进程。兵团只有正视农业产业化发展的现状，发现其中存在的问题，努力解决这些问题，才能更好地进行农业产业化经营，发挥农业产业化经营的作用，推动农业现代化发展，带动工业、商业的发展，实现兵团经济繁荣、人民生活幸福的美好愿景。

第四章　农产品期货市场促进兵团农业发展问题研究

　　20世纪80年代中后期，我国一批学者曾经提出了建立农产品期货市场的设想。1990年10月12日，中国郑州粮食批发市场经国务院批准成立。该市场以现货交易为基础，引入期货交易机制，作为我国第一个商品期货市场正式开业，迈出了中国农产品期货市场发展的第一步。在以后的发展过程中我国商品期货市场经历了几次清理整顿，目前我国只保留了三家期货交易所，即上海期货交易所、大连商品交易所和郑州商品交易所。由于兵团相关基础设施相对落后，所以兵团农产品期货市场基本处于空白状态。本章通过介绍我国农产品期货市场发展现状，探寻兵团农产品期货市场的发展空间；运用博弈论的方法论证农产品期货市场的功能，证明农产品期货市场能有效规避传统订单农业的价格风险，促进农户增收；采用案例分析的方法，运用农业大省四川省的相关数据，证明农产品期货的套期保值功能有利于提高农业龙头企业的内在价值，促进农业产业化的发展；通过调研资料整理得出发展兵团农产品期货市场存在的障碍因素。

第一节　农产品期货发展现状

目前批准上市的期货品种包括：上海期货交易所的铜、铝、胶合板、天然橡胶和籼米；郑州商品交易所的小麦、绿豆、红小豆和花生仁；大连商品交易所的大豆、豆粕和啤酒大麦。可见，现在我国期货市场上交易的品种大部分为农产品。1999 年 6 月 2 日，国务院颁布《期货交易管理暂行条例》，与之相配套的《期货交易所管理办法》《期货经纪公司管理办法》《期货经纪公司高级管理人员任职资格管理办法》《期货业从业人员资格管理办法》也相继实施，从而加强了对期货市场的监管，特别是 2000 年 12 月 19 日，中国期货业协会经过多年酝酿终于宣告成立，标志着我国期货市场三级监管体系的形成。近年来，我国农产品期货市场得到了不断发展，其过程可分为三个阶段：理论准备与试办阶段（1987—1993 年）；清理整顿阶段（1993—2000 年）；规范发展阶段（2000 年以来）。随着农产品期货市场的发展，国家在这方面的工作重心从"严整治"逐渐转变为"促发展"，力求使农产品期货市场在国民经济的运行中发挥更大的作用。下面从四个方面对我国农产品期货市场的现状进行分析：

一、农产品期货交易市场越来越规范

1990 年郑州商品交易所成立以后，各地农产品期货交易所和机构盲目发展，市场秩序较为混乱。为控制这一形势，国务院于 1993 年11 月发布了《关于坚决制止期货市场盲目发展的通知》，又于 1994 年5 月转发了国务院证券委员会《关于坚决制止期货市场盲目发展若干意见的请示》。在 1995 年初步建立统一监管制度的基础上，我国于1996 年引进会员制度，进一步完善管理体制。1998 年 8 月，国务院发布《关于进一步整顿和规范期货市场的通知》，形成了较完善的监管框架，标志着中国期货市场新格局的形成。2001 年，"十五"规划中首次提出"稳步发展期货市场"这一战略目标。2004 年国务院又颁布了《关于推进资本市场改革开放和稳定发展的若干意见》，要求在严格控制风险的前提下，稳步发展期货市场。经过 20 多年的努力，我国农产品期货市场的规范化程度明显提高，基础制度建设得到了全面推进。

二、农产品期货交易规模不断扩大

2001 年，我国农产品期货成交金额为 21 653.82 亿元，成交量为 10 938.98 万手，总体看来我国农产品期货交易规模较小。2002 年，我国农产品期货成交金额和成交量分别为 27 107.12 亿元和 12 312.68 万手，相比 2001 年增长幅度较小。2003 年，我国农产品期货成交金额和成交量分别为 83 561.06 亿元和 25 328.29 万手，相比 2002 年分别增长 208.26% 和 105.71%。2007 年的成交金额和成交量分别为 265 161.12 亿元和 6 4034.24 万手，相比 2006 年增幅分别为 90.03% 和 66.30%。2010 年，我国农产品期货成交金额高达 1 334 243.22 亿元，成交量为 186 818.18 万手，创造新世纪以来农产品期货成交金额和成交量的最高值，如表 4-1 所示。从年度变动趋势来看，经过清理整顿，我国农产品期货市场得到了规范发展，同时受到国家经济稳步增长的影响，2001—2010 年我国农产品期货的交易规模不断扩大，成交金额和成交量总体表现出增长趋势，但 2003—2005 年间增幅较小，其中 2004 年略有下降。相比 2010 年，2011 年的成交金额和成交量分别下降 58.57% 和 69.34%。造成大幅度下降的主要原因有：全球经济形势动荡，国内经济结构面临转型；2010 年第四季度以来，我国的三大商品期货交易所采取了限制开仓手数、提高保证金比例、取消手续费优惠等措施，抑制了过度投机的行为；2010 年宽松的货币环境和对部分商品供需缺口的炒作等因素导致农产品期货市场量价齐升，造成基数较高。2011—2014 年，我国农产品期货的成交金额和成交量呈波动变化趋势，且成交量的波动幅度较明显。

表 4-1   农产品期货成交情况表

年份	农产品期货成交金额（亿元）	农产品期货成交量（万手）
2001	21 653.82	10 938.98
2002	27 107.12	12 312.68
2003	83 561.06	25 328.29
2004	77 188.72	24 389.96
2005	84 663.15	27 430.09
2006	139 539.92	38 505.59
2007	265 161.12	64 034.24
2008	499 043.06	111 471.53
2009	621 778.34	123 469.28
2010	1 334 243.22	186 818.18
2011	552 826.37	57 274.01
2012	602 192.31	124 855.90
2013	535 755.75	119 593.84
2014	679 719.18	173 844.91

资料来源　郑州商品交易所及大连商品交易所相关数据，并经作者统计得出。

三、我国农产品期货交易品种逐渐增加

在我国农产品期货交易发展历程中，1993 年 5 月小麦合约的诞生标志着中国第一个农产品标准化期货合约的形成。1993—1998 年，我国农产品期货市场的发展非常混乱，先后上市的品种多达几十种，申请成立的农产品期货交易所多达十几家，彼此之间恶性竞争严重。1998年，国务院发布《关于进一步整顿和规范期货市场的通知》，整顿国内的期货市场，保留郑州、大连、上海三家交易所，其中农产品期货只在郑州商品交易所和大连商品交易所挂牌交易，并将农产品交易品种缩减为小麦、绿豆、大豆三种。2001 年，郑州商品交易所上市的农产品交易品种有小麦、绿豆两种，大连商品交易所上市的农产品交易品种有大豆和豆粕，全国共有 4 种农产品上市交易。2002 年，大连商品交易所将大豆细分出黄大豆一号进行上市。2003 年，郑州商品交易所将小麦划分为强筋小麦（简称强麦）和硬质小麦（简称硬麦）分别上市。2004 年，郑州商品交易所新上市一号棉花，大连商品交易所又将原先的大豆品种

整合为黄大豆一号、黄大豆二号进行上市，同时还推出玉米作为新的上市品种。在 2006 年全国新增白糖和豆油上市的基础上，2007 年趁热打铁，又推出菜籽油和棕榈油上市交易。2009 年，早籼稻在郑州商品交易所上市交易。2012 年，郑州商品交易所增加了油菜籽、菜籽粕的上市，并在扩大交易单位的基础上，将硬白小麦改为普通小麦进行上市交易。2013 年，全国新增粳稻和鸡蛋上市交易。2014 年晚籼稻在郑州商品交易所挂牌交易，大连商品交易所也推出玉米淀粉期货新品种。截止到 2014 年年底，郑州商品交易所已推出强麦、白糖、一号棉花等 10 种农产品上市交易，大连商品交易所拥有黄大豆一号、黄大豆二号、玉米等 8 个农产品交易品种，而上海期货交易所的期货品种一直都是以金属、能源化工类为主，至今未有农产品类期货挂牌交易，见表 4-2。

表 4-2　　　　　　　　农产品期货品种

年份	郑州商品交易所品种名称	个数	大连商品交易所品种名称	个数	合计
2001	小麦、绿豆	2	大豆、豆粕	2	4
2002	小麦、绿豆	2	大豆、豆粕、黄大豆一号	3	5
2003	强麦、硬麦、绿豆	3	大豆、豆粕、黄大豆一号	3	6
2004	强麦、硬麦、一号棉花	3	豆粕、黄大豆一号、黄大豆二号、玉米	4	7
2006	强麦、硬麦、一号棉花、白糖	4	黄大豆一号、黄大豆二号、玉米、豆粕、豆油	5	9
2007	硬麦、强麦、一号棉花、白糖、菜籽油	5	黄大豆一号、黄大豆二号、玉米、豆粕、豆油、棕榈油	6	11
2009	硬麦、强麦、一号棉花、白糖、菜籽油、早籼稻	6	黄大豆一号、黄大豆二号、玉米、豆粕、豆油、棕榈油	6	12
2012	强麦、一号棉花、白糖、菜籽油、早籼稻、油菜籽、菜籽粕、普通小麦	8	黄大豆一号、黄大豆二号、玉米、豆粕、豆油、棕榈油	6	14
2013	强麦、一号棉花、白糖、菜籽油、早籼稻、油菜籽、菜籽粕、普通小麦、粳稻	9	黄大豆一号、黄大豆二号、玉米、豆粕、豆油、棕榈油、鸡蛋	7	16
2014	强麦、一号棉花、白糖、菜籽油、早籼稻、油菜籽、菜籽粕、普通小麦、粳稻、晚籼稻	10	黄大豆一号、黄大豆二号、玉米、豆粕、豆油、棕榈油、鸡蛋、玉米淀粉	8	18

四、农产品期货在我国商品期货市场中具有重要地位

从我国期货市场的发展历程来看，农产品期货一直占有重要地位。2002 年以前，农产品期货成交量占全国商品期货总成交量的 80%以上，2002—2005 年这一比值虽有下滑，但占总成交量的比例仍在一半以上。其中，天然橡胶对我国期货市场的恢复性发展起到了领头羊的作用。同时，交易规模巨大的大豆期货品种使我国成为当时世界第二大大豆期货市场和最大的非转基因大豆期货市场。2007 年，我国农产品期货成交金额为 265 161.12 亿元，成交量为 64 034.24 万手，分别占全国商品期货总成交金额和总成交量的 64.71%和 87.90%。2008 年，农产品期货的成交金额和成交量占全国商品期货总成交金额和总成交量的比重有所变化，分别为 69.39%和 81.37%。2010 年，农产品期货的成交金额为 1 334 243.22 亿元，成交量为 186 818.18 万手，相比之前增幅较大，但由于全国商品期货市场发展形势大好，导致农产品期货的成交金额和成交量占全国商品期货的比重并未大幅度增加，如表 4-3 所示。从成交金额来看，2007—2014 年间农产品期货占全国商品期货的比重呈现波动变化，最高为 69.39%（2008 年），最低为 22.89%（2013 年）。从成交量来看，这 8 年间，农产品期货占全国商品期货的比重呈现下降的趋势，最高为 87.90%（2007 年），最低为 37.24%（2013 年）。总体来看，我国农产品期货在全国商品期货中成交量的比重要大于成交金额的比重。

五、兵团农产品期货发展现状

兵团是一个党政军企合一单位，农业现代化水平相对于国内其他省份较高。兵团有 14 家上市公司，但是根据官方公布的资料及调研数据，目前这 14 家上市公司没有一家运用期货的套期保值功能来规避价格风险，仅有少量的公司通过在期货市场进行投机获利。相对于内地资本市场发达地区，新疆（兵团）期货市场的发展尚有很大差距，这显然与其农产品尤其是棉花产业举足轻重的战略地位不相匹配。在调研过程中，笔者发现制约兵团上市公司参与期货市场套期保值的因素主要有以

表 4-3 农产品期货占比

年份	分类	成交额（亿元）	比重（%）	成交量（万手）	比重（%）
2007	农产品	265 161.12	64.71	64 034.24	87.90
	年总计	409 740.77	100	72 846.08	100
2008	农产品	499 043.06	69.39	111 471.53	81.73
	年总计	719 173.33	100	136 396.01	100
2009	农产品	621 778.34	47.64	123 469.28	57.23
	年总计	1 305 143.17	100	215 751.77	100
2010	农产品	1 334 243.22	58.78	186 818.18	61.41
	年总计	2 268 952.25	100	304 194.19	100
2011	农产品	552 826.37	58.97	57 174.00	57.06
	年总计	937 503.89	100	100 372.56	100
2012	农产品	602 192.31	34.77	124 855.90	53.27
	年总计	1 732 011.64	100	234 377.29	100
2013	农产品	535 755.75	22.89	119 593.84	37.24
	年总计	2 340 367.40	100	321 119.89	100
2014	农产品	679 719.18	26.56	173 844.91	37.99
	年总计	2 559 425.06	100	457 654.91	100

下几个方面（主要针对棉花企业）：第一，棉花期货市场参与度极低，虽然有很大比例的受众（棉企）听说过或了解期货市场可以规避风险，但真正表示有兴趣从事棉花期货交易的受众只占 27.6%。第二，对具体如何选择参与期货交易的方式存在较大差异。受众（棉企）对参与期货交易的地点和合作伙伴的选择差异较大：由于郑州商品交易所不在本地，出于距离产生的"不信任感"，有 49% 的受众表示，如果乌鲁木齐能开设棉花期货交易所的话，则愿意亲自参与棉花期货交易。第三，棉农对于期货市场及其交易的了解与参与程度更低。

除了问卷调查的受众已经认识到的上述因素之外，笔者认为深层次的原因至少有以下两个方面：其一，从现有条件看，新疆现有四家期货经纪公司，并已成立期货业协会，期货交易规模不断扩大，但因为上市时间短，棉花期货仍未引起政府与社会的足够重视，很多棉企尤其是广大棉农如何参与期货交易尚无人问津，导致期货市场参与主体单一，流动性差，未能形成显著市场效应。究其主因在于主管部门尚缺乏农产品资本市场意识，制度建设缓慢且滞后，对农产品期货交易方式的宣传和支持力度不够，未能利用业已普及的计算机网络积极宣传期货交易知识，未能协调和推动经纪公司等市场中介部门、涉棉企业等共同形成和参与农产品期货市场，未能积极有效引进有助于期货市场建设和交易运营的专门人才。其二，兵团的棉花产能占新疆棉花总产能的近半壁江山，但兵地制度的差异乃至矛盾也是制约新疆棉花期货市场发展的主因。相对于新疆的地方，兵团实行统购统销的农产品流通管理制度和生产资料配给制度，棉农没有交易自主权，广大棉农自然没有从事期货交易的资本和积极性，这无疑严重影响了新疆棉花期货市场的建设进程。

第二节　农产品期货市场促进兵团农业发展实证分析

我国期货市场自 20 世纪 90 年代开办以来取得了快速发展，期货品种不断增加，期货市场规模快速扩大，内部结构不断完善。与此同时，期货市场的发展对相关行业现货市场的影响也越来越大。农产品期货市场作为期货市场的重要组成部分，它的进步与发展显然会对农业的各个方面产生一定的影响。目前，很多学者就这一关系进行了研究：梁权熙（2008）用格兰杰检验及基差分析对白糖期货与广西糖业的发展进行了研究；姜哲、李新建（2013）通过建立回归模型分析了农产品期货市场与我国经济增长之间的关系；裴辉儒、高斌（2010）研究了农产品期货市场的发展对农业波动及农民收入的影响。

本节采用实证分析的方法着重研究农产品期货市场对兵团农业发展的促进作用。

一、数据选取

由于农产品期货各个品种推出的时间不一样，所以各合约数据开始的年份也不一样。本节选取了2002—2013年大连商品交易所黄大豆一号（简称豆一）期货的年成交量、年成交额和期末收盘价三个指标以及2004—2013年大连商品交易所玉米期货的年成交量、年成交额和期末收盘价作为研究的指标。

对于兵团农业的指标，本节的数据来自2003—2014年的《新疆生产建设兵团统计年鉴》。因为豆一属于豆类，玉米属于谷物类，所以本节选取2002—2013年豆类农作物以及2004—2013年谷物类农作物的总产值、总产量、种植面积为指标。另外，2002—2013兵团农业就业人员的平均工资也作为研究对象。

二、农产品期货市场对兵团农业产值的影响

本节把豆一期货的成交量、年成交额和期末收盘价分别记为 $X1$、$X2$、$X3$，玉米期货的成交量、年成交额和期末收盘价分别记为 $X4$、$X5$、$X6$，豆类农作物总产值记为 $Y1$，谷物类农作物总产值记为 $Y2$。

1. 相关性检验

借助 EViews 软件，得到如表4-4所示的各经济变量之间的相关系数。相关系数为1表示两者呈正相关关系，为-1表示两者呈负相关关系，为0则表示两者之间不存在相关关系；绝对值越接近1表示相关性越明显，越接近0表示相关性越不明显。表4-4的上半部分显示 $X1$、$X2$、$X3$ 与 $Y1$ 的相关系数的绝对值小于0.5，故它们之间的相关性比较弱；表4-4的下半部分显示 $X4$、$X5$ 与 $Y2$ 的相关系数的绝对值非常接近0，这说明 $X4$、$X5$ 与 $Y2$ 的相关性不明显，而 $X6$ 与 $Y2$ 的相关系数最高，达到了0.86，为正相关，表明两者存在较强的相关关系。

表 4-4　　　　　　　　　　各经济变量之间的相关系数

	$Y1$	$X1$	$X2$	$X3$
$Y1$	1	0.37	0.32	0.42
$X1$	0.37	1	0.96	0.28
$X2$	0.31	0.96	1	0.45
$X3$	0.42	0.28	0.45	1
	$Y2$	$X4$	$X5$	$X6$
$Y2$	1	−0.09	−0.06	0.86
$X4$	−0.09	1	0.70	0.22
$X5$	−0.06	0.69	1	0.19
$X6$	0.86	0.22	0.19	1

2. 单位根检验

由于时间序列数据大多是非平稳的，所以在进行回归前，需要做平稳性检验。这里选择用 ADF 检验法对以上模型中的各个序列进行单位根检验，本节的滞后阶数是根据 AIC 准则来确定的。检验结果见表 4-5。

表 4-5　　　　　　豆类农作物各经济变量的平稳性检验

变量	T 统计量	ADF检验的临界值			P 值	检验结果
		显著性水平 (1%)	显著性水平 (5%)	显著性水平 (10%)		
LN$Y1$	−3.71	−4.30	−3.21	−2.75	0.02	拒绝
LN$X1$	−3.30	−4.20	−3.18	−2.73	0.04	拒绝
LN$X2$	−3.56	−4.20	−3.182	−2.73	0.03	拒绝
LN$X3$	−1.45	−4.20	−3.18	−2.73	0.52	接受
DLN$X3$	−4.21	−4.30	−3.21	−2.75	0.01	拒绝

从表 4-5 中可以清晰地看出，LN$Y1$、LN$X1$、LN$X2$ 的检验结果都拒绝了序列非平稳的原假设，即这些序列都是平稳的时间序列，不存在单位根，而 LN$X3$ 没有通过单位根检验，对其进行一阶差分处理后的

序列 DLNX3 是平稳的。由于 LNY1、LNX1、LNX2 都是零阶单整序列,记为 I(0),LNX3 是一阶单整序列,记为 I(1),所以各个变量不是同阶单整。也就是说,农产品期货市场和兵团农业产值不存在长期的协整关系,从而可以得出农产品期货市场和兵团农业产值两者之间没有因果关系的结论。

从表 4-6 的检验结果可以知道:LNX4、LNX5 的序列拒绝了原假设,为平稳的时间序列。LNY2 和 LNX6 均接受了序列非平稳的原假设,存在单位根,故对它们做一阶差分处理,差分后的序列是平稳的,所以 LNY2 和 LNX6 都是一阶单整序列,两者同阶单整。下面将研究两者之间的协整关系。

表 4-6　　　　谷物类农作物各经济变量的平稳性检验

| 变量 | T 统计量 | ADF检验的临界值 | | | P 值 | 检验结果 |
		显著性水平 (1%)	显著性水平 (5%)	显著性水平 (10%)		
LNY2	-0.76	-4.42	-3.26	-2.77	0.78	接受
DLNY2	-4.14	-4.80	-3.40	-2.84	0.02	拒绝
LNX4	-3.57	-4.42	-3.26	-2.77	0.03	拒绝
LNX5	-3.70	-4.42	-3.26	-2.77	0.03	拒绝
LNX6	-0.50	-4.42	-3.26	-2.77	0.85	接受
DLNX6	-3.47	-4.80	-3.40	-2.84	0.05	拒绝

3. 协整检验

如果某组时间序列的原序列表现为不平稳,而对其进行一阶差分处理后的序列则为平稳的序列,就可以对该组序列做协整检验,研究它们的长期协整关系。本节使用 EG 两步法对 LNY2 和 LNX6 这两个变量进行协整检验。

第一步:采用普通最小二乘法(OLS)的方法对协整回归方程进行估计,可以得到以下结果:

$$LNY2 = -73\ 988.1605 + 234.9405\ LNX6 + u$$

$$(-0.8580)\qquad (4.668484)\qquad R^2 = 0.7315,\ F = 21.7947$$

第二步：检验残差序列的平稳性，上式中的 u 为残差序列，故对其做单位根检验，检验结果如表 4-7 所示。

表 4-7　　　　　　　　　　　　残差 u 的单位根检验结果

变量	T 统计量	ADF检验的临界值			P 值	检验结果
		显著性水平 （1%）	显著性水平 （5%）	显著性水平 （10%）		
u	−3.80	−4.58	−3.32	−2.80	0.03	拒绝

u 的 T 统计量小于 5% 显著性水平 ADF 检验的临界值，故拒绝残差序列存在单位根的原假设，即残差 u 为平稳的时间序列。这就有力地说明了 $X6$ 和 $Y2$ 之间是存在协整关系的，即谷物类农作物总产值和期货市场上玉米的期末收盘价是存在长期协整关系的。玉米期货的期末收盘价会对兵团谷物类农作物的总产值产生一定的影响。

4. 格兰杰（Granger）因果关系检验

通过以上检验可知，$Y2$ 和 $X6$ 是存在协整关系的非平稳变量，它们的一阶差分序列均为平稳的时间序列，故可以对它们进行格兰杰因果关系检验，检验结果见表 4-8。

表 4-8　　　　　　　　　　　格兰杰因果关系检验的结果

滞后期	样本数	Granger因果关系检验	F 统计量	概率 P	结论
1	9	$Y2$ does not Granger Cause $X6$	2.59	0.16	接受
		$X6$ does not Granger Cause $Y2$	4.20	0.09	拒绝
2	8	$Y2$ does not Granger Cause $X6$	5.20	0.11	接受
		$X6$ does not Granger Cause $Y2$	8.75	0.06	拒绝

从表 4-8 中我们可以看到，无论滞后阶数为多少，检验结果都接受了 $Y2$ 不是 $X6$ 的格兰杰原因的原假设，拒绝了 $X6$ 不是 $Y2$ 的格兰杰原因的假设。所以，$X6$ 是 $Y2$ 变化的格兰杰原因，但是 $Y2$ 不是 $X6$ 变化的格兰杰原因。也就是说，玉米期货的期末收盘价对兵团谷物类农作物的总产值的变化有显著影响，这也说明了农产品期货市场对兵团农业

发展的促进作用。

5.脉冲反应分析

为了进一步研究农产品期货与兵团农业的关系，本书对两者做脉冲反应分析，图4-1为脉冲反应函数。

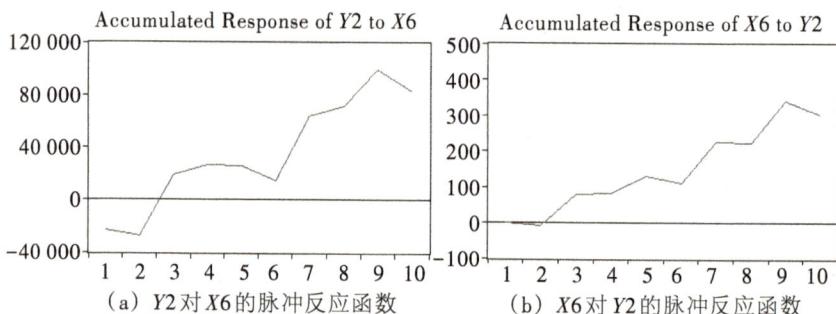

图 4-1　Y2 与 X6 的脉冲反应函数

图 4-1 表明：给 X6 一个标准误差的冲击，Y2 总体呈现出上升的趋势，并在第 9 期达到最大冲击，之后稍微减弱；给 Y2 一个标准误差的冲击，X6 在第 1、2 期的冲击基本为 0，从第三期开始缓慢上升，在第 9 期达到最大值（340），之后下降。从脉冲反应分析可以看出，Y2 对 X6 的响应比 X6 对 Y2 的响应更大，说明玉米期货的期末收盘价对兵团谷物类农作物的总产值的影响比兵团谷物类农作物的总产值对玉米期货的期末收盘价的影响要大。

6.方差分解分析

当 X6 作为因变量时，对 X6 变动长期作用部分进行方差分解，当滞后阶数为 1 时，100% 来自 X6，0% 来自 Y2，随着滞后阶数的增加，Y2 的贡献度逐步增大，但是始终没有超过 X6 本身的贡献度，见表 4-9。这说明：X6 的变动不易受 Y2 变动的影响。当 Y2 作为因变量时，来自于 X6 的贡献度在前 2 期是小于 Y2 本身的，但是从第 3 期开始，就有 76% 来自于 X6，后面的贡献度一直处于超过 Y2 的状态。这说明：从短期看，Y2 是受本身的影响，但是从长期看，Y2 的变化主要是受到 X6 变动的影响。这也就是说：对于玉米期货的期末收盘价来说，无论是从短期还是从长期来看，兵团谷物类农作物的总产值对它的影响都不明显；而对于兵团谷物类农作物的总产值来说，短期内玉米期货的期末收盘价对其没有太大的影响，但是长期内影响显著。这进一步验证了格兰杰因果检验的结果，即玉米期货的期末收盘价对兵团谷物类农作物的总产值的变化有重要影响。

表 4-9　　　　　　　　　**方差分解表**

期数	X6		Y2	
	来自于		来自于	
	X6	Y2	X6	Y2
1	100	0	39.47	60.53
2	99.56	0.44	40.19	59.81
3	68.45	31.55	76.53	23.47
4	69.05	30.95	76.37	23.63
5	78.56	21.44	60.24	39.76
6	77.89	22.10	61.16	38.84
7	63.23	36.77	71.23	28.77
8	64.11	35.89	70.73	29.27
9	67.16	32.84	60.51	39.49
10	66.30	33.69	61.52	38.48

三、农产品期货市场对兵团农业总产量及种植面积的影响

本节仍然将豆一期货的成交量、年成交额和期末收盘价分别记为 $X1$、$X2$、$X3$，玉米期货的成交量、年成交额和期末收盘价分别记为 $X4$、$X5$、$X6$，豆类农作物总产量记为 $Z1$，种植面积记为 $S1$，谷物类农作物总产量记为 $Z2$，种植面积记为 $S2$。为了保持数据的平稳性对各个变量取对数。

1. 相关性检验

由表 4-10 和表 4-11 可以知道：$X1$、$X2$、$X3$ 与 $Z1$ 和 $S1$ 的相关系数的绝对值较小，所以它们之间的相关性不明显，$S1$ 与 $Z1$ 的相关系数为 0.97，表现为显著相关，这说明兵团豆类农作物总产量和豆类农作

物种植面积的相关性较强，而与农产品期货市场上豆类农作物的成交量、年成交额和期末收盘价的关系不大。同理，$X4$、$X5$与$Z2$和$S2$的相关系数的绝对值也接近零，所以它们之间的相关性也不明显。而$X6$与$Z2$和$S2$的相关系数分别为0.67和0.65，表现出较强的正相关关系。这说明了兵团谷物类农作物总产量与谷物类农作物种植面积和期货市场上玉米的期末收盘价存在正相关关系。

表 4-10　　　　豆类农作物各经济变量之间的相关关系

	$Z1$	$S1$	$X1$	$X2$	$X3$
$Z1$	1	0.97	0.28	0.05	−0.32
$S1$	0.97	1	0.19	−0.04	−0.43
$X1$	0.28	0.19	1	0.96	0.28
$X2$	0.05	−0.04	0.96	1	0.45
$X3$	−0.32	−0.43	0.28	0.45	1

表 4-11　　　　谷物类农作物各经济变量之间的相关关系

	$Z2$	$S2$	$X4$	$X5$	$X6$
$Z2$	1	0.97	−0.01	−0.01	0.67
$S2$	0.97	1	−0.01	−0.04	0.65
$X4$	−0.02	−0.02	1	0.69	0.22
$X5$	−0.01	−0.04	0.69	1	0.19
$X6$	0.67	0.65	0.22	0.19	1

2.单位根检验

为了保持数据的平稳性，此处我们仍然对各变量做对数处理。

从表 4-12 中可以看出 LN$Z1$、LN$S1$、LN$X3$的单位根检验均接受了序列非平稳原假设，所以存在单位根，对它们进行一阶差分处理后的序列 DLN$Z1$、DLN$S1$、DLN$X3$ 均为平稳的时间序列，所以 LN$Z1$、LN$S1$、LN$X3$都是一阶单整序列，记为 I（1）。而 LN$X1$、LN$X2$的单位根检验拒绝了原假设，故其原序列平稳，不存在单位根，是零阶单整序列，记为 I（0）。

表 4-12   豆类农作物各经济变量的平稳性检验

变量	T 统计量	ADF检验的临界值			P 值	检验结果
		显著性水平（1%）	显著性水平（5%）	显著性水平（10%）		
LNZ1	-1.68	-4.20	-3.17	-2.72	0.41	接受
DLNZ1	-6.12	-4.58	-3.32	-2.80	0.002	拒绝
LNS1	-1.45	-4.20	-3.18	-2.73	0.52	接受
DLNS1	-3.23	-4.58	-3.32	-2.80	0.06	拒绝
LNX1	-3.29	-4.20	-3.18	-2.73	0.04	拒绝
LNX2	-3.56	-4.20	-3.18	-2.73	0.03	拒绝
LNX3	-1.45	-4.20	-3.18	-2.73	0.52	接受
DLNX3	-4.21	-4.29	-3.21	-2.75	0.01	拒绝

表 4-13 的平稳性检验显示出，LNZ2和LNX6的原序列接受了原假设，其一阶差分序列则拒绝了原假设，表现为不存在单位根的平稳序列，所以 LNZ2和LNX6 为一阶单整序列，记为 I（1）。同理，LNX4 和 LNX5 为零阶单整序列，记为 I（0），LNS2 为二阶单整序列，记为 I（2）。

表 4-13   谷物类农作物各经济变量的平稳性检验

变量	T 统计值	ADF检验的临界值			P 值	检验结果
		显著性水平（1%）	显著性水平（5%）	显著性水平（10%）		
LNZ2	-1.39	-4.42	-3.26	-2.77	0.53	接受
DLNZ2	-3.31	-4.80	-3.40	-2.84	0.07	拒绝
LNS2	-1.36	-4.42	-3.26	-2.77	0.55	接受
DLNS2	-2.84	-4.80	-3.40	-2.84	0.10	接受
DDLNS2	-3.86	-5.12	-3.52	-2.89	0.03	拒绝
LNX4	-3.57	-4.42	-3.26	-2.77	0.03	拒绝
LNX5	-3.70	-4.42	-3.26	-2.77	0.03	拒绝
LNX6	-0.49	-4.42	-3.26	-2.77	0.85	接受
DLNX6	-3.47	-4.80	-3.40	-2.84	0.05	拒绝

3. 协整检验

只有满足以下条件的序列才能做协整检验：（1）原序列为非平稳序列；（2）进行差分后序列平稳；（3）序列同阶单整。由于前面的相关性检验中显示LN$X3$和LN$Z1$、LN$S1$存在负相关性，而本节讨论的是农产品期货市场对兵团农业发展的促进作用，研究它们就显得没有意义，所以下面我们对符合上述条件的一组序列LN$Z2$和LN$X6$做协整检验。

下文仍然采用 EG 两步法。用 EViews 软件做普通最小二乘法估计，得到如下回归方程：

$$LNZ2 = -0.7040 + 0.7731\ LNX6 + u$$

$$(-0.3747)\quad(3.0405)\qquad R^2 = 0.5361,\quad F = 9.2449$$

由回归方程可知，LN$X6$ 每增加一个单位，LN$Z2$ 就会增加 0.7731 个单位，它们是正相关的关系。下面对它们的残差项 u 做单位根检验，结果见表 4-14。

表 4-14 　　　　　　　　　　　**残差 u 的单位根检验**

变量	T 统计量	ADF检验的临界值			P 值	检验结果
		显著性水平(1%)	显著性水平(5%)	显著性水平(10%)		
u	-2.98	-4.59	-3.32	-2.80	0.08	拒绝

残差 u 的单位根检验表明残差序列拒绝了原假设，为不存在单位根的平稳序列，所以 LN$Z2$ 和 LN$X6$ 虽然原序列不平稳，但是它们存在长期的协整关系，也就是说兵团谷物类农作物总产量 $Z2$ 与期货市场上玉米的期末收盘价 $X6$ 存在长期的协整关系。

4. 格兰杰（Granger）因果关系检验

格兰杰因果关系检验的结果（见表 4-15）都是接受原假设，即 LN$Z2$ 不是 LN$X6$ 的格兰杰因，LN$X6$ 也不是 LN$Z2$ 的格兰杰因，不能进一步验证 LN$Z2$ 和 LN$X6$ 之间的关系，所以也不需要做脉冲反应分析和方差分解分析。

表 4-15　　　　　　　　格兰杰因果关系检验的结果

滞后期	样本数	Granger 因果关系检验	F 统计量	概率 P	结论
1	9	LNZ2 does not Granger Cause LNX6	2.88	0.14	接受
		LNX6 does not Granger Cause LNZ2	1.60	0.25	接受
2	8	LNZ2 does not Granger Cause LNX6	1.94	0.29	接受
		LNX6 does not Granger Cause LNZ2	2.70	0.21	接受

四、农产品期货市场对兵团农业就业人员的平均工资的影响

本节的变量如下：豆一期货的成交量、年成交额和期末收盘价分别记为 $X1$、$X2$、$X3$，玉米期货的成交量、年成交额和期末收盘价分别记为 $X4$、$X5$、$X6$，兵团农业就业人员的平均工资记为 W。为了保持数据的平稳性对各个变量取对数。

1. 相关性检验

表 4-16 是农产品期货市场各经济指标与兵团农业就业人员的平均工资的相关系数。从表中可以看出：$X3$ 和 $X6$ 与 W 的相关性比较明显，相关系数分别为 0.79 和 0.96，它们之间呈正相关关系。其他期货指标与 W 的相关关系都不太明显，相关系数的绝对值比较小。这说明豆一期货和玉米期货的期末收盘价（$X3$ 和 $X6$）与兵团农业就业人员的平均工资（W）的关系较为显著。

表 4-16　　　　　　　各经济变量之间的相关系数

	W	$X1$	$X2$	$X3$
W	1	−0.19	0.001	0.79
$X1$	−0.19	1	0.96	0.28
$X2$	0.001	0.96	1	0.45
$X3$	0.79	0.28	0.45	1
	W	$X4$	$X5$	$X6$
W	1	0.02	0.04	0.96
$X4$	0.02	1	0.69	0.22
$X5$	0.04	0.69	1	0.19
$X6$	0.96	0.22	0.19	1

2. 单位根检验

下面用 ADF 检验法对各经济变量做单位根检验，见表 4-17。这里对各变量取对数。

表 4-17　　　　　　各经济变量的平稳性检验结果

变量	T 统计量	ADF检验的临界值			P 值	检验结果
		显著性水平（1%）	显著性水平（5%）	显著性水平（10%）		
LNX1	−3.29	−4.20	−3.18	−2.73	0.04	拒绝
LNX2	−3.56	−4.20	−3.18	−2.73	0.02	拒绝
LNX3	−1.45	−4.20	−3.18	−2.73	0.52	接受
DLNX3	−4.21	−4.29	−3.21	−2.75	0.01	拒绝
LNX4	−3.57	−4.42	−3.26	−2.77	0.03	拒绝
LNX5	−3.70	−4.42	−3.26	−2.77	0.02	拒绝
LNX6	−0.49	−4.42	−3.26	−2.77	0.85	接受
DLNX6	−3.47	−4.80	−3.40	−2.84	0.05	拒绝
LNW	−0.70	−4.20	−3.17	−2.73	0.81	接受
DLNW	−8.89	−4.29	−3.21	−2.74	0.00	拒绝

从上述检验结果可知：LNX3、LNX6和LNW 接受原序列不平稳的原假设，且一阶差分后的序列均平稳，不存在单位根，所以它们都是一阶单整序列。其他的序列（LNX1、LNX2、LNX4和LNX5）的原序列都是平稳的，为零阶单整序列，所以以下不对它们做协整检验。

3. 协整检验

本节对 LNX3和LNW、LNX6和LNW 这两组一阶单整序列做协整检验，采用 EG 两步法。第一步用 EViews 软件中的普通最小二乘法，得到如下两个线性回归方程：

$$LNW = -5.3995 + 1.8515LNX3 + u1$$

$$(-1.6342) \quad (4.5603) \quad R^2 = 0.6753, \quad F = 20.7968$$

$$LNW = -2.3702 + 1.6474LNX6 + u2$$

$$(-2.1523) \quad (11.0540) \quad R^2 = 0.9386, \quad F = 122.1899$$

经检验发现残差序列 $u1$ 和 $u2$ 均为平稳的序列（见表 4-18），所以 $LNX3$ 和 LNW、$LNX6$ 和 LNW 这两组序列均存在长期的协整关系，即豆一期货的期末收盘价和兵团农业就业人员的平均工资以及玉米期货的期末收盘价和兵团农业就业人员的平均工资这两组序列都存在长期的协整关系。

表 4-18　　　　　　**残差 $u1$ 和 $u2$ 的单位根检验结果**

变量	T 统计量	ADF检验的临界值			P 值	检验结果
		显著性水平（1%）	显著性水平（5%）	显著性水平（10%）		
$u1$	-2.91	-4.20	-3.17	-2.72	0.07	拒绝
$u2$	-3.12	-4.58	-3.32	-2.80	0.06	拒绝

4. 格兰杰（Granger）因果关系检验

表 4-19 和表 4-20 中的格兰杰因果关系检验结果表明：$LNX3$ 与 LNW 在短期内存在单向因果关系，但就长期来看，二者没有因果关系，而 $LNX6$ 在滞后阶数为 2 的时候是 LNW 的格兰杰因，它们之间的关系有待进一步检验。

表 4-19　　　　　　**$LNX3$ 与 LNW 的格兰杰检验结果**

滞后期	样本数	Granger因果关系检验	F 统计量	概率 P	结论
1	11	$LNX3$ does not Granger Cause LNW	0.40	0.54	接受
		LNW does not Granger Cause $LNX3$	7.78	0.02	拒绝
2	10	$LNX3$ does not Granger Cause LNW	1.17	0.38	接受
		LNW does not Granger Cause $LNX3$	2.95	0.14	接受
3	9	$LNX3$ does not Granger Cause LNW	3.92	0.20	接受
		LNW does not Granger Cause $LNX3$	2.63	0.28	接受

表 4-20　　　　　　　　　LN$X6$ 和 LNW 的格兰杰检验结果

滞后期	样本数	Granger 因果关系检验	F 统计量	概率 P	结论
1	9	LNW does not Granger Cause LN$X6$	10.70	0.02	拒绝
		LN$X6$ does not Granger Cause LNW	2.63	0.16	接受
2	8	LNW does not Granger Cause LN$X6$	4.28	0.13	接受
		LN$X6$ does not Granger Cause LNW	12.58	0.03	拒绝

5.脉冲反应分析

图 4-2 中的脉冲反应表明：给 LN$X6$ 一个标准误差的冲击，LNW 的变动趋势不平稳，呈波动状，说明 LNW 对 LN$X6$ 变动的反应程度不明显，LN$X6$ 对 LNW 的影响程度较小。

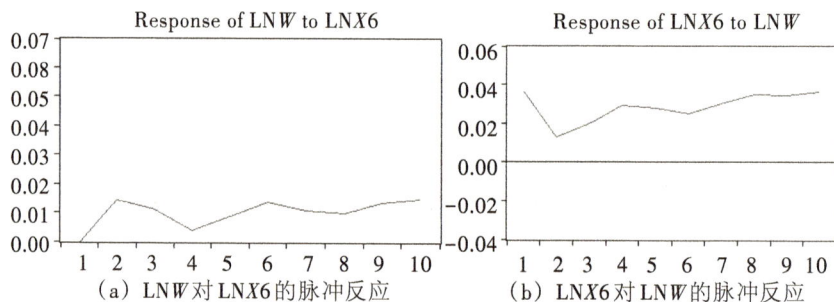

图 4-2　LNW 与 LN$X6$ 的脉冲反应分析

6.方差分解分析

就方差分解表（见表 4-21）来看，当 LNW 作为因变量时，绝大多数的贡献度都是来自其自身，LN$X6$ 的变化对 LNW 的影响很小，只占 5% 左右。当 LN$X6$ 作为因变量时，短期内贡献度来自自身，但随着滞后阶数的增加，LNW 对 LN$X6$ 的贡献度越来越大。这说明期货市场上玉米期货的期末收盘价对兵团农业就业人员的平均工资没有太大的影响，反过来，农业就业人员工资的提高有可能促进期货市场上玉米期货的发展，这一促进关系本节不做研究。

表 4-21　　　　　　　　　　方差分解表

| 期数 | LNW | | LN$X6$ | |
| | 来自于 | | 来自于 | |
	LNW	LN$X6$	LNW	LN$X6$
1	100	0	30.34	69.66
2	93.29	6.71	32.78	67.22
3	92.96	7.05	33.58	66.42
4	94.46	5.54	40.30	59.71
5	94.87	5.13	43.50	56.51
6	94.30	5.70	47.31	52.69
7	94.56	5.44	52.34	47.66
8	94.98	5.02	56.19	43.82
9	94.98	5.02	59.89	40.10
10	94.93	5.07	63.71	36.28

五、小结

本节主要是用实证方法研究农产品期货对兵团农业发展的促进作用。内容分为三个部分：（1）农产品期货市场对兵团农业产值的影响；（2）农产品期货市场对兵团农业总产量及种植面积的影响；（3）农产品期货市场对兵团农业就业人员的平均工资的影响。研究方法包括相关性检验、单位根检验、协整检验、格兰杰因果关系检验、脉冲反应分析、方差分解分析等。最后发现，玉米期货的期末收盘价对兵团谷物类农作物的总产值的变化有重要影响，而其他的促进关系表现得并不明显，原因可能是：（1）本节指标的选取不合理；（2）期货市场的波动性太大，市场体系有待进一步完善；（3）农产品的发展容易受到其他因素如自然灾害的影响。

第三节　农产品期货、涉农主体与订单农业违约风险的规避

"谷贱伤农"现象发生后，订单农业模式在我国开始流行，农户以自身或合作社为单位与龙头企业签订相关收购合约，合约价一般参照去年市场价。农户按照龙头企业的指导进行种植，但是农业生产容易受到外界因素如天气、国际市场供求关系等的干扰。例如，2015 年全球爆发的厄尔尼诺暖流现象，对农业生产造成了很大的冲击，影响农产品的收成，造成国际农产品市场供求失衡，其结果是市场价格上升，远远高于合同价，缺乏法律意识的农户会拒绝交割，合同违约率较高。较高的违约率将打击龙头企业提前收购农产品的积极性，造成农户跟风种植且缺乏专业技术支持，间接影响农户的收益和农业产业化的发展。"三农"问题一直是中央政府最关心的问题。近年来，从中央到地方各级政府出台了一系列政策，支持农业产业化的发展。制约农业产业化发展的因素有很多，如先进技术的发展、机械操作的普及等，归根到底是农产品种植的合理性，包括价格、品种、数量等。传统的"公司+农户"的订单农业模式在一定程度上解决了种植数量、品种和技术支持等问题，但是很难规避价格风险，所以农户不仅需要依据价格指导来安排自身的种植布局，还需要规避市场价格风险的机制。因此，农户迫切需要参与到农产品期货市场中，运用其套期保值功能规避风险。

期货市场是在现货市场的基础上发展起来的，但其功能比现货市场的要发达。期货市场具有价格发现功能，可以反映未来现货市场对农产品的供求变动。另外，期货市场还有套期保值功能，可以提前锁定投资者的收益，投资者只需在期货市场买入（或卖出）相反的期货合约，将销售价格固定在一定的区间内，无论现货市场价格是上升还是下降，投资者都能得到稳定的收益。

自 20 世纪 80 年代开始，国内学者就提出通过建立农产品期货市场来引导农业发展。截至 2015 年 6 月，我国郑州、大连两个商品交易所总共有 13 种农产品期货，全国农产品期货市场成交量为 156 476 069

手，成交额为 56 594.41 亿元，分别同比增长 35% 和 23%。与 1993 年的成交量 8 901 000 手、成交额 774 亿元相比，我国期货市场的发展取得了很大的突破。在农产品期货市场中，2014 年 12 月单月成交量为 1 445 930 000 手，成交额为 647 343.6 亿元，分别同比增长 22% 和 4%，与 1993 年全年的成交额 860 亿元相比，我国农产品期货市场规模取得了很大发展。当然，农产品期货市场由于易受天气、国内经济状况、国际经济形势的影响，期间也出现过起伏，但是基本呈现增长趋势。在农业产业化方面，1992 年是转折点，这一年我国从计划经济开始向市场经济转型，同年山东潍坊市最早开始探索农业产业化，可以称得上是农业产业化的起源地。1995 年下半年，温家宝同志考察山东，对其农业产业化取得的成就给予高度肯定。截至 2013 年年底，潍坊市共接待国内外农业产业化考察团（组）一千余次。

在相当长一段时期内，农产品期货、涉农主体增收和订单农业风险规避问题一直是各国政府和学者研究的重点。国内外学者将期货功能分为直接功能和间接功能，直接功能包括价格发现功能和套期保值功能，间接功能指农业信息化功能和农业产业化功能。其中，对价格发现与套期保值的相关研究很早就开始了（Fama，1965；Johnson，1960；Fortendery et al.，1997；Cox，1976；凯恩斯，1923；希克斯，1946；王慧、王玉文，2015；王汝芳，2009；刘庆富、张金清，2006；马述忠、汪金剑和邵宪宝，2011 等）。在对期货市场价格发现功能的研究中，学者们普遍采用 VECM 模型、VAR 模型、脉冲函数、Granger 因果检验等简单的实证模型。他们普遍认为期货价格与现货价格存在互动关系，期货价格是现货价格的反映（Fama，1965；马述忠、汪金剑和邵宪宝，2011 等）。早在 20 世纪 20 年代，著名的经济学家凯恩斯（1923）就提出了套期保值理论，他认为由于期货市场上拥有众多的投机者，价格风险可以在这些投资者之间转移。Johnson（1960）对凯恩斯的理论进行了创新，认为套期保值实质上是利用马柯维茨的组合投资理论在期货市场和现货市场上进行资产投资组合。

对期货市场间接功能的相关研究起步较晚，研究基础也较为薄弱。随着工业经济的发展，农业耕地被破坏，学者们开始意识到传统的小农模式已经不能满足农业发展的需求。由于通过期货市场能规避价格风险，提前锁定收益，所以学者们开始研究如何利用农产品期货来促进农业产业化的发展。现阶段，有以下几位代表性学者对此进行了相关研究（沈培，2007；何蒲明，2008；李艺欣，2012；刘岩，2006）。具体来讲，农业产业化表现为许多方面：生产专业化、经营一体化、管理企业化和产品市场化等。生产专业化是指产品从生产、加工到销售一系列流程的一体化、系统化与规范化。经营一体化是指将农业生产与农产品销售联系在一起，农产品种植与企业需求联系在一起，从而形成横向的产业链条。管理企业化是指对农业生产进行企业化管理，通过与龙头企业签订合同、参股分红等制度，将传统的小农经济转变成集中管理、集中种植、集中收购的产业化经营。从这些方面可以看出，农业产业化不仅是一个一体化的过程，更是一种系统化的运作，对我国传统的农业生产方式将是一种前所未有的改变（李海远，2010）。

另外，国内外学者对利用农产品期货规避订单农业风险、促进农业产业化进行了广泛研究，在研究方法上，由于数据难以获取，他们基本采用理论分析方式，相关研究内容可以总结为以下几点：

（1）对订单农业风险的研究。目前国内订单农业的模式基本采取"公司+农户"模式，相关调查数据显示，履约率低于三成。卢小广、吴剑平（2005），赵西亮、吴栋（2005），Ward（1977），周衍平等（2002），孙敬水（2003），Beckma（1993），Frank（1992），David A. Hennessy（1996），康松、康涛（2002）等学者对订单农业风险进行了广泛研究，他们普遍认为订单农业风险来源于：农业生产的不确定性，如天气变化、跟风种植等问题；价格的不确定性，现货市场价格受多方面因素的影响，如国际农产品的供求变化；还有金融风险、政策风险等。

（2）提高订单农业履约率的途径研究。D.Runsten（1996），Beckmann 和 Borger（2002），Vices（2013），谈圣伊（2007），乔立娟等（2011），杨芳（2010），李彬（2009）等学者对此进行了广泛研究，他们普遍认为"订单+期货"模式是解决目前我国订单农业违约风险的最佳选择，因为订单农业所有风险归根到底都是价格风险，利用农产品期货的价格发现和套期保值功能能很好地规避这种风险，所以"订单+期货"模式能增强订单农业的稳定性，提高订单农业的履约率。

一、订单农业稳定性分析

（一）"公司+农户"的农产品生产经营模式简介

"公司+农户"模式指公司（农业龙头企业）在春种之前与农户签订合同，合同包括农产品种类、数量和价格等，并且在农户种植过程中给予技术支持，到丰收时节统一收购。农户与龙头企业形成利益共享、风险共担的联盟体。因为龙头企业在经营规模、资金、技术、信息、人员素质等方面比农户更具优势，龙头企业可以向农户提供生产资料、技术指导、信息等多种服务，而农户应契约要求向龙头企业提供相应农产品供企业加工销售。实践证明，这种模式有利于提高农业生产的专业化水平，形成规模经营，还能提高农产品的标准化水平，对促进农村经济发展、提高农民收入起到重要作用。"公司+农户"模式以契约为纽带，一旦市场价格与契约价格存在差异，在利益的诱使下，农户与契约方都存在毁约倾向；由于信息不对称的存在，龙头企业可能凭借自身的优势提高生产资料价格或压低农产品价格，农户明显受制于龙头企业；同时对于那些分散的、有自主决策能力的农户，龙头企业在其相关信息的掌握和获取上存在困难。在以上情形下，只要违约成本低于违约回报，违约便会产生。最后，龙头企业和农户的同盟关系难以继续维持。因此，在这种模式下，由于上述原因的存在，农户和龙头企业双方难以共同抵御风险（自然风险、市场风险），双方之间长期的合作关系也将难以维系。

（二）"公司+农户"模式的违约风险的动态博弈分析

1.模型的基本假设

①农产品市场信息完全，博弈双方信息平等；

②农户和公司在博弈过程中都会选择使自身利益最大化的策略，即双方都符合经济人假设；

③农户和公司都有且只有两种行为选择，即履约和违约；

④收购单价为 P ，违约金为 H ，数量为 Q ，市场行情好时的市场价为 P_1 ，市场行情不好时的市场价为 P_2 ，且 $P_1 > P > P_2$ ；

⑤若双方履约，公司的单位利润为 R ，节省的交易费为 W ，且 $R \gg W$ ；

⑥一方违约，双方都会产生相应的成本，提请诉讼的一方成本为 M_1 ，被诉讼方的成本为 M_2 。

2.违约风险的博弈分析

表 4-22 是市场行情不好时公司和农户的博弈收益矩阵。

表 4-22　　　公司和农户的博弈收益矩阵（行情差）

（Company and farmer's income matrix in bad market）

农户违约状况	公司违约状况	
	履约①	违约
履约②	PQ , $QR - Q(P-P_2)$	$P_2Q - WQ$, $QR - WQ$
违约	$P_2Q - H - M_2 - QW$, $QR + H - M_1 - QW$	$P_2Q - WQ$, $QR - WQ$

假设农户履约的概率为 a_0 ，违约的概率为 $1 - a_0$ ；公司履约的概率为 β_0 ，违约的概率为 $1 - \beta_0$ ；简单记履约为 0，违约为 1。农户和公司的期望收益如下：

$$\begin{cases} E_{农户}(0) = a_0\beta_0 PQ + a_0(1-\beta_0)(P_2Q - WQ) \\ E_{农户}(1) = (1-a_0)\beta_0(P_2Q - H - M_2 - QW) + (1-a_0)(1-\beta_0)(P_2Q - WQ) \end{cases} \quad (4-1)$$

$$\begin{cases} E_{公司}(0) = a_0\beta_0[QR - Q(P-P_2)] + (1-a_0)\beta_0(QR + H - M_1 - QW) \\ E_{公司}(1) = a_0(1-\beta_0)(QR - WQ) + (1-a_0)(1-\beta_0)(QR - WQ) \end{cases} \quad (4-2)$$

由此，农户违约策略的均衡点为 $E_{企业}(0) = E_{企业}(1)$ ，公司违约策略的均衡点为 $E_{农户}(0) = E_{农户}(1)$ 。联立方程组如下：

$$\begin{cases} E_{农户}(0) = a_0\beta_0 PQ + a_0(1-\beta_0)(P_2Q - WQ) \\ E_{农户}(1) = (1-a_0)\beta_0(P_2Q - H - M_2 - QW) + (1-a_0)(1-\beta_0)(P_2Q - WQ) \\ E_{农户}(0) = E_{农户}(1) \end{cases} \quad (4-3)$$

$$\begin{cases} E_{公司}(0) = a_0\beta_0[QR - Q(P-P_2)] + (1-a_0)\beta_0(QR + H - M_1 - QW) \\ E_{公司}(1) = a_0(1-\beta_0)(QR - WQ) + (1-a_0)(1-\beta_0)(QR - WQ) \\ E_{公司}(0) = E_{公司}(1) \end{cases} \quad (4-4)$$

---

① 公司的履约策略更倾向于"履约执行违约金"。

② 现有研究一般认为农户势力单薄，即使公司违约，农户也不会通过起诉索要赔偿，因为他们知道那只是得不偿失的举措，所以在农户的"履约"策略中，作者将其默认为"履约不执行违约金"。

解方程组（4-3）、（4-4）得到混合战略 Nash 均衡点为 (a_0^*, β_0^*)，其中：

$$\begin{cases} a_0^* = \dfrac{QR - M_1 + H - QW}{Q(R - M_2 - W + P - P_2) + H - M_1} \\ \beta_0^* = \dfrac{P_2 Q - H - M_2 - QW}{P_0 Q} \end{cases} \tag{4-5}$$

混合战略的纳什均衡点 (a_0^*, β_0^*)，代表的是公司和农户在市场行情不好时的最佳混合选择。在订单农业履约的过程中，公司会根据农户预期的行为选择，调整自己的行为决策。当农户的实际履约率低于 $a_0^* = \dfrac{QR - M_1 + H - QW}{Q(R - M_2 - W + P - P_2) + H - M_1}$ 时，公司自然会选择不履约；当农户的实际履约率高于 $a_0^* = \dfrac{QR - M_1 + H - QN}{Q(R - M_2 - W + P - P_2) + H - M_1}$ 时，公司会选择履约。因此，将 $p(a_0) = \{a_0 | a_0 \in (a_0^*, 1)\}$ 称作公司履约的空间。

为了探寻影响企业履约空间的因素，本节采用求偏导数的方法[①]，根据偏导数的正负性，得出相关关系。结论是，a_0^* 与 P、Q、M_2、H、W 负相关，与 P_2、M_1 正相关。第一，a_0^* 与 P、Q、M_2、H、W 负相关，意味着 P、Q、M_1、H、W 越大，a_0^* 越小，企业履约的空间越大。P 越大，P 与 P_2 的差距越大，说明在市场行情不好时，公司更倾向于履约，并且农户一旦选择违约，公司会选择履约执行违约金的策略；Q 越大，a_0^* 越小，说明订单量较大，往往关乎企业生产，所以企业为了保证扩大再生产而选择履约；M_2 越大，a_0^* 越小，说明公司履约而农户违约时，公司获得的赔偿越多，公司越倾向于选择履约执行违约金的策略；H 越大，a_0^* 越小，说明违约金越多，公司越倾向于通过履约执行违约金的策略来获得高额的违约金；W 越大，a_0^* 越小，说明履约节省的费用越高，公司越倾向于履约。第二，a_0^* 与 P_2、M_1 正相关，说明 P_2 越大，a_0^* 越大，企业履约的空间越小，说明 M_1 越大，公司获得的超额收益越少，履约率越低。

同理，在市场行情较好时，农户为了使自身利益最大化，根据公司的行为决策决定自己的行为决策。表 4-23 是市场行情好时公司和农户

---

① 求偏导数的过程省略，若读者需要，可以向作者索要。

的博弈收益矩阵。

表 4-23　　**公司和农户的博弈收益矩阵（行情好）**

（Company and farmer's income matrix in good market）

农户违约状况	公司违约状况	
	履约[1]	违约
履约	PQ，$QR+（P_1-P）Q$	P_1Q-WQ，$QR-WQ$
违约	P_1Q-H-M_2-QW，$QR+H-M_1-QW$	P_1Q-WQ，$QR-WQ$

若农户履约的概率为 φ_0，违约的概率为 $1-\varphi_0$；企业履约的概率为 γ_0，违约的概率为 $1-\gamma_0$；简单记履约为 0，违约为 1。农户和公司的期望收益如下：

$$\begin{cases} E_{农户}(0)=\varphi_0\gamma_0 PQ+\varphi_0(1-\gamma_0)(P_1Q-WQ) \\ E_{农户}(1)=(1-\varphi_0)\gamma_0(P_1Q-H-M_2-QW)+(1-\varphi_0)(1-\gamma_0)(P_1Q-WQ) \end{cases} \quad (4-6)$$

$$\begin{cases} E_{公司}(0)=\varphi_0\gamma_0[QR+(P_1-P)Q]+(1-\varphi_0)\gamma_0(QR+H-M_1-QW) \\ E_{公司}(1)=\varphi_0(1-\gamma_0)(QR-WQ)+(1-\varphi_0)(1-\gamma_0)(QR-WQ) \end{cases} \quad (4-7)$$

根据上述同样的思路，求出市场行情好时，农户和公司的混合纳什均衡点 (φ_0^*,γ_0^*)，其中：

$$\begin{cases} \varphi_0^*=\dfrac{H+M_2}{H+M_2-PQ+P_1Q-WQ} \\ \gamma_0^*=\dfrac{QR+H-QW}{QM_2-QW+Q(P-P_2)+H-M_1} \end{cases} \quad (4-8)$$

混合战略的纳什均衡点 (φ_0^*,γ_0^*)，代表的是公司和农户在市场行情好时的最佳混合选择。当企业的实际履约率高于 $\gamma_0^*=\dfrac{QR+H-QW}{QM_2-QW+Q(P-P_2)+H-M_1}$ 时，农户会选择履约，因此将 $p(\gamma_0)=\{\gamma_0|\gamma_0\in(\gamma_0^*,1)\}$ 称作农户的履约空间。

同样采用求偏导数的方法，研究影响农户履约空间的因素。γ_0^* 与 P、Q、M_2、H、W 负相关，与 P_1、M_1 正相关[1]。当市场行情很好的时候，即 $P_2>P$，公司不可能采取违约策略，而一定会采取履约策略，而农户可能选择违约；若农户选择违约，在动态博弈过程中，

---

① 为了避免重复，各因素与 γ_0^* 的作用机制参照各因素与 a_0^* 的作用机制。这里仅分析 P_1 与其的关系。

公司会选择履约执行违约金策略，所以如果 P_2 与 P 相差足够大，农户会冒着吃官司的风险违约，即 P_2 越大，γ_0^* 越大，农户履约的空间越小。

通过对两种相反的市场情况进行动态博弈分析，不难发现，影响农户和公司违约的因素有很多。当市场行情不好时，公司违约风险较大；当市场行情好时，农户违约风险较大。所以，订单农业合同的成功签订奠定在 P_1、P_2、P_3 相差不大的基础上。农产品价格波动的影响因素有很多方面，包括生产、运输、储存、天气等，真实的市场行情往往容易偏离签订合同时预测的行情，这使得公司或农户随时都有违约的可能，最后众多的农户的市场风险都转嫁给公司，导致公司难以承担这些风险。农户的风险警惕性较高，一旦市场价格高于合同价格，他们会不顾法律责任选择违约，最终使公司蒙受不必要的损失。当市场价格低于合同价格时，公司为了长期合作，或许会选择履约，但是在这种情况下，企业加工的农产品价格就会失去竞争力，最终企业还是会遭受损失，有心无力的企业同样会选择违约。如此反复，最终导致"公司+农户"模式违约的恶性循环。据相关数据统计，订单农业模式的违约率达七成，这种模式自身的特性注定其不能很好地推进农业产业化发展。

二、"期货+订单农业"模式的效用函数博弈分析

前文通过对订单农业模式的主要参与主体的行为进行博弈分析发现，传统的订单农业模式具有不稳定性，违约率较高，农户将众多的风险全部转移给公司。在传统订单农业模式的基础上引入期货合约后，公司可以在期货市场上利用套期保值功能规避风险。后文通过对"期货+订单农业"模式的主要参与主体的行为进行博弈分析，旨在说明"期货+订单农业"模式能够规避订单农业风险。

（一）博弈双方的效用函数

为了研究"期货+订单农业"模式推进农业产业化各参与方之间的博弈，本模型选取两个参与主体，即公司与农户（i＝农户，j＝公司），

省去期货市场的原因主要是期货市场在整个过程中只是起到中介的作用，博弈能力相对较弱。记公司和农户的博弈选择分别为 a_i 和 a_j（且 a_i^1 为履约，a_i^2 为违约，a_i^3 为履约不执行违约金；a_j 同理）。假设条件如下：

①假设市场行情好的概率为 P_0，市场行情不好的概率 P_1，其中 $P_1 = 1 - P_0$；

②博弈双方的行为选择考虑成本利润方面带来的价格竞争；

③博弈双方都符合经济人假说。

公司的效用函数为：$U_{公司} = x_{公司}(a_i, a_j) + y_{公司}(a_i) - z_{公司}(a_i)$ (4-9)

农户的效用函数为：$U_{农户} = x_{农户}(a_i, a_j) + y_{农户}(a_j) - z_{农户}(a_j)$ (4-10)

在（4-9）、（4-10）式中，$x_{公司}(a_i, a_j)$ 表示农户的行为决策对公司产生的效用，$x_{农户}(a_i, a_j)$ 表示公司的行为决策对农户产生的效用；$y_{公司}(a_i)$ 表示公司的行为选择对自身产生的效用，$y_{农户}(a_j)$ 表示农户的行为选择对自身产生的效用，此部分效用与市场行情状况有关，若 P_0 越大，则 $y_{公司}(a_i)$ 和 $y_{农户}(a_j)$ 越大，反之则越小；$z_{公司}(a_i)$、$z_{农户}(a_j)$ 分别表示博弈行为成本，且 $z(\cdot) > 0$。

以公司为例，对于 $x_{公司}(a_i, a_j)$ 部分，根据经验可知，若农户采取 a_j^3 策略，则 $x_{公司}(a_i, a_j) < 0$，若农户采取 a_j^1、a_j^2 策略，则 $x_{公司}(a_i, a_j) > 0$，即 a_j^1、a_j^2 对 $x_{公司}(a_i, a_j)$ 有负的效用，a_j^3 对 $x_{公司}(a_i, a_j)$ 有正的效用。

$$y_{公司}(a_i) = f_{公司}(U^c) + P_0 f_{公司}(U^g) + P_1 f_{公司}(U^b)$$ (4-11)

（4-11）式表示公司自身参与期货市场带来的效用，其中，$f(U^c)$ 表示不参与期货市场获得的效用；$P_0 f(U^g)$ 表示在参与期货市场的情况下，在市场行情好的时候获得的效用；$P_1 f(U^b)$ 表示在参与期货市场的情况下，在市场行情不好的时候获得的效用。

（二）公司和农户的博弈矩阵

为了简化表格表达式，简单地记履约为 0，违约为 1，农户和公司的博弈支付矩阵见表 4-24。

表 4-24　　　　　　　　　　**农户和公司的博弈支付矩阵**

（Company and farmer's payoff matrix）

农户＼公司	履约（a_i^1）	违约（a_i^2）
履约（a_j^1）	$U_j(0,0), U_i(0,0)$	$U_j(0,1), U_i(0,1)$
违约（a_j^2）	$U_j(1,0), U_i(1,0)$	$U_j(1,1), U_i(1,1)$

根据博弈效用函数可知：

$$U_j(1,1) = f_{农户}(U^c) - z_{农户}(a_j)$$

$$U_i(1,1) = f_{公司}(U^c) - z_{公司}(a_i)$$

$$U_j(1,0) = x_{农户}(a_i, a_j) + f_{农户}(U^c) - z_{农户}(a_j)$$

$$U_i(1,0) = f_{公司}(U^c) + P_0 f_{公司}(U^g) + P_1 f_{公司}(U^b) - z_{公司}(a_i)$$

$$U_j(0,1) = f_{公司}(U^c) + P_0 f_{公司}(U^g) + P_1 f_{公司}(U^b) - z_{公司}(a_j)$$

$$U_i(0,1) = x_{公司}(a_i, a_j) + f_{公司}(U^c) - z_{公司}(a_i)$$

$$U_j(0,0) = x_{农户}(a_i, a_j) + y_{农户}(a_j) - z_{农户}(a_j)$$

$$U_i(0,0) = x_{公司}(a_i, a_j) + y_{公司}(a_i) - z_{公司}(a_i)$$

（三）基于下划线法的纳什均衡求解

当农户选择履约时，公司可以选择履约也可以选择违约。在（履约，履约）情况下，公司获得的效用为 $U_i(0,0) = x_{公司}(a_i, a_j) + y_{公司}(a_i) - z_{公司}(a_i)$；在（履约，违约）的情况下，公司获得的效用为 $U_i(0,1) = x_{公司}(a_i, a_j) + f_{公司}(U^c) - z_{公司}(a_i)$。很明显，$U_i(0,0) > U_i(0,1)$，所以当农户选择履约时，企业选择履约为相对优势策略，根据下划线法有表 4-25 中的矩阵。

表 4-25　　　　　　　　　　**条件策略下划线法（Ⅰ）**

（Conditions underlined strategy method）（Ⅰ）

农户＼公司	履约（a_i^1）	违约（a_i^2）
履约（a_j^1）	$U_j(0,0), \underline{U_i(0,0)}$	$U_j(0,1), U_i(0,1)$
违约（a_j^2）	$U_j(1,0), U_i(1,0)$	$U_j(1,1), U_i(1,1)$

当农户选择违约时，公司可以选择履约也可以选择违约。在（违

约，履约）情况下，公司获得的效用为 $U_i(1,0)=f_{公司}(U^c)+P_0 f_{公司}(U^g)+P_1 f_{公司}(U^b)-z_{公司}(a_i)$；在（违约，违约）情况下，公司获得的效用为 $U_i(1,1)=f_{公司}(U^c)-z_{公司}(a_i)$。明显可以看出，$U_i(1,0)>U_i(1,1)$。所以，即使农户违约，企业也会选择履约。根据下划线法有表 4-26 中的矩阵。

表 4-26 　　　　**条件策略下划线法（Ⅱ）**

（Conditions underlined strategy method）（Ⅱ）

农户 ＼ 公司	履约（a_i^1）	违约（a_i^2）
履约（a_j^1）	$U_j(0,0),\underline{U_i(0,0)}$	$U_j(0,1),U_i(0,1)$
违约（a_j^2）	$U_j(1,0),\underline{U_i(0,0)}$	$U_j(1,1),U_i(1,1)$

当公司选择履约时，农户可以选择履约也可以选择违约。在（履约，履约）情况下，农户获得的效用为 $U_j(0,0)=x_{农户}(a_i,a_j)+y_{农户}(a_j)-z_{农户}(a_j)$；在（违约，履约）情况下，农户获得的效用为 $U_j(1,0)=x_{农户}(a_i,a_j)+f_{农户}(U^c)-z_{农户}(a_j)$。很明显，$U_j(0,0)>U_j(1,0)$，所以当企业违约时，农户也会选择履约。根据下划线法有表 4-27 中的矩阵。

表 4-27 　　　　**条件策略下划线法（Ⅲ）**

（Conditions underlined strategy method）（Ⅲ）

农户 ＼ 公司	履约（a_i^1）	违约（a_i^2）
履约（a_j^1）	$\underline{U_j(0,0)},\underline{U_i(0,0)}$	$U_j(0,1),U_i(0,1)$
违约（a_j^2）	$U_j(1,0),\underline{U_i(1,0)}$	$U_j(1,1),U_i(1,1)$

当企业选择违约时，农户可以选择履约也可以选择违约。在（履约，违约）情况下，农户获得的效用为 $U_j(0,1)=f_{公司}(U^c)+P_0 f_{公司}(U^g)+P_1 f_{公司}(U^b)-z_{农户}(a_j)$；在（违约，违约）情况下，农户获得的效用为 $U_j(1,1)=f_{农户}(U^c)-z_{农户}(a_j)$。很明显，$U_j(0,1)>U_j(1,1)$，所以履约为农户的相对占优策略。根据下划线法有表 4-28 中的矩阵。

表 4-28　　　　　　　　　**条件策略下划线法（Ⅳ）**

（Conditions underlined strategy method）（Ⅳ）

农户 ＼ 公司	履约（a_i^1）	违约（a_i^2）
履约（a_j^1）	$\underline{U_j(0,0)}$, $\underline{U_i(0,0)}$	$\underline{U_j(0,1)}$, $U_i(0,1)$
违约（a_j^2）	$U_j(1,0)$, $\underline{U_i(1,0)}$	$U_j(1,1)$, $U_i(1,1)$

综上，在农户与公司的博弈中，有且只有一个纳什均衡（履约，履约），即彼此都会履行合约，相应的支付组合为 $(U_j(0,0), U_i(0,0))$。综上所述，"期货+订单农业"模式在一定程度上增加了传统订单农业模式的稳定性，提高了订单农业的履约率。

三、观点分析

在对订单农业模式参与主体的行为进行博弈分析时，将市场行情分为不好和好两种情况。博弈分析的结果表明，当市场行情好时，农户会选择违约；当市场行情不好时，农户迫于压力同样会选择违约，所以当市场行情极大地偏离签订合同时的预期行情时，农户和公司的博弈纳什均衡为（违约，履约）或者（履约，违约）。传统的订单农业模式在一定程度上促进了农业产业化，增加了农户收益，也降低了涉农企业的成本，但是这种模式不具备规避风险的能力，容易产生价格风险，造成违约率较高。在传统订单农业模式的基础上，引入期货市场，公司和农户可以利用期货市场的套期保值功能提前锁定收益，降低价格风险，提高订单农业的合同履约率。参与农产品期货市场，公司和农户可以获得稳定的收益，公司可以获得稳定的农产品货源供给，双方建立稳定长久的合作关系。不管市场行情好还是不好，农户和公司在效用最大化的驱动下都会选择"履约"策略，提高了订单农业的履约率，农业产业化得以稳步推进。

从订单农业模式的参与主体（农户和公司）的博弈分析可以看出，当市场行情好时，由于市场价格高于合同价，所以农户会选择违约策略，且由于农户法律意识较差，公司执行违约金的难度较大，花费的成本远远高于违约金，结果企业只能被动地选择履约，即当市场行情好时，农户和公司的博弈纳什均衡为（违约，履约），一方违约，合同即无法执行，造成订单农业履约率较低。当市场行情不好时，农户履约获得的收益远远高于违约获得的收益，所以农户会选择履约，但是公司违约获得的收益高于履约获得的收益，公司会选择违约。一旦公司违约，农户实力弱，无法承受昂贵的诉讼费用，会自动放弃追回违约金。所以，当市场行情不好时，农户和企业的博弈纳什均衡为（履约，违约），同样是一方履约，合同难以执行。

在"期货+订单农业"模式参与主体的博弈分析中，采用效用函数博弈分析法，分别考虑各方博弈行为对自身的效用贡献和对对方的效用贡献及博弈行为的成本等方面。最后采用传统的下划线法求出博弈纳什均衡为（履约，履约）。对比订单农业模式和"期货+订单农业"模式，企业参与农产品期货市场，利用套期保值功能可以规避订单农业的价格风险，增强订单农业的稳定性，促进农民增收，推进农业产业化。

第四节　农产品期货、龙头企业内在价值与农业产业化

一、引言及文献述评

国内一些农业发达省份的上市企业通过参与农产品期货套期保值，不仅提升了企业的内在价值，而且促进了农业产业化的发展。下面以四川新希望集团为例进行说明。

我国是一个农业大国，农村人口占总人口的比例为 50.32%[①]，但是由于耕地有限，人口众多，传统的小农耕作方式已不能满足我国对粮食的需求。早在 20 世纪 90 年代，山东潍坊市就提出了要按照市场经济的发展要求，推行农业产业化市场模式。随后一批农业龙头企业相继得到了巨大的发展，例如四川新希望集团、新疆库尔勒香梨股份有限公司等一批农业类的公司陆续在上海或深圳的证券交易所挂牌上市。最早的农

---

① 数据参考《第六次全国人口普查数据报告》。

业产业化发展模式是"公司+农户"的发展模式。后来，一方面由于单个农户的实力弱小，无法与公司（龙头企业）抗衡；另一方面由于单个农户种植面积较小，单份合同的数量较少，造成公司的成本较高，合同价较低，在这种订单农业模式的基础上逐渐演变出了新的模式，如"公司+合作社"模式。合作社由农户自发组建，自愿参加，合作社以法人的形式与公司（龙头企业）签订合同。这种模式解决了农业产业化规模上的问题，但是还不能解决农户缺乏资金的问题。对此，在"公司+合作社"模式的基础上，出现了"公司+合作社+农发行"模式。农业产业化经营模式在不断改进，但是这些模式都不能规避农产品价格波动带来的风险，不能解决订单农业合同违约风险。1998 年，我国郑州商品交易所发行第一份农产品期货合约，随后"期货市场+龙头企业+农户"的农业产业化模式在国内开始推行。但是，由于我国期货市场发展的时间较短、专业人才较少、农户的认知度不高等，这种模式没有得到大规模的推广。借鉴国外发达经济体农业产业化的经验可以看出，龙头企业通过参与农产品期货市场，利用套期保值的功能规避价格风险，提前锁定收益，能提高订单农业的履约率，促进农业产业化的发展。由于这种模式在我国运用的范围有限（主要原因是相关参与主体对这种模式的效果有所质疑），作者拟对三者之间的关系进行两两研究，旨在说明"期货市场+龙头企业+农户"模式能提高企业内在价值，稳定农户收入，促进农业产业化的发展。

龙头企业参与农产品期货市场的目的有两种：一种是套期保值；另一种是投机[①]。企业在期货市场上进行套期保值是指企业在期货市场上买入（或者卖出）数量相同、方向相反的期货合约，目的是规避现货市场价格波动风险，稳定企业收入。国内外相关部门及学者对企业参与农产品期货市场进行套期保值的效果等进行了广泛研究。国外学者主要从定量的角度对龙头企业参与期货市场进行套期保值的绩效进行了研究，后来这些模型也为我国学者所借鉴。

---

① 这里只考虑套期保值目的，而不考虑投机目的。

（一）模型研究

国外学者在相关方面研究的模型主要有两种。一种是风险最小化套期保值模型（MVHR 模型），主要研究者有 Johnson（1960），Granger（1987），Ghosh（1993），Bollerslev（1986），Lien（1996）等。Johnson（1960）综合多方面因素，推导出套期保值效率的公式为：

$$h = \rho \frac{\sigma_s}{\sigma_f} = \frac{\text{cov}(\Delta S_t, \Delta F_t)}{\sigma_f^2} \tag{4-12}$$

其中：ΔS_t 表示现货价格变化值；ΔF_t 表示期货价格变化值；σ_f 表示期货价格变化标准差；σ_s 表示现货价格变化标准差。

Granger（1987）、Ghosh（1993）、Bollerslev（1986）、Lien（1996）分别采用简单最小二乘估计法（OLS）、双变量向量自回归模型（B-VAR）、误差修正套期保值模型（ECM）和广义自回归条件异方差模型（EC-GARCH）对 h 进行了估计。

另一种是效用最大化套期保值模型（MUHR 模型）。相关研究者有 Mary Lindahl（1991）、Ederington（1979）等，他们普遍认为效用最大化的公式可以表示为：

$$\max E[U(W_{t+1})] = \max E[U(W_t(1 + R_s + R_f)] \tag{4-13}$$

其中：R_s 表示现货收益；R_f 表示期货收益；W 表示套期保值的财富值。

（二）套期保值对企业价值的影响研究

Faulkender（2005），Jin 和 Jorion（2006），Aretz 和 Bartram（2009）等学者对有色金属等行业进行研究，发现期货市场的套期保值功能能提高企业价值。

国内学者的相关研究起步较晚，基本都是借鉴国外学者的模型，大部分研究为理论研究。陈炜、沈群（2008），龚晨晨、丁昊宁（2007），云志杰（2004），徐长宁（2009），陈欢（2011），李梅、崔丽歌、贾云鹏（2008），李明辉（2008）等学者以不同行业的上市公司为研究对象，从不同的视角进行了相关研究。云志杰（2004）、陈欢（2011）等根据期货套期保值功能为相关企业设计了相应的套期保值方案。陈炜、沈群（2008）选用市值账面比、托宾 Q、ROE、ROA 等四个指标，分析了期货套期保值对企业价值的影响。他们认为期货市场的套期保值功能在短期内对企业价值的影响不大，在长期内对企业价值有促进作用，并且可能对 ROE 有负面的影响，对代表企业价值的指标托宾 Q 有正面的影响。

农业龙头企业参与期货市场进行套期保值，在增加企业的内在价值的同时也提高了订单农业的履约率。参与套期保值的龙头企业在提升内在价值的同时也带动了农业产业化的发展。国内外学者对龙头企业的发展与农业产业化的关系进行了相关研究。农业龙头企业对农业产业化的促进作用最终使农户增收。首先，龙头企业对农产品进行加工，提高了农产品的附加值，从而提高了单位初级农产品的收购价；其次，龙头企业可以依据自身掌握的市场信息，调节农业生产结构，避免跟风种植给农户带来不必要的损失；最后，"龙头企业+合作社"的模式能整合农业资源，扩大农业种植规模，形成规模效应。Evans 和 Stephens（1988），Stiglitz（1988），Barry（1995）等对农业产业化的发展对经济增长的促进作用进行了研究。研究结果基本表明，农业产业化的发展与经济增长同向变动。周远和（2004）对农业产业化中龙头企业的战略意义进行了研究，他认为龙头企业与农户签订购销合同，将农产品的生产、加工、销售等环节连成一体，减少了中间成本，增加了双方的收益。

龙头企业参与农产品市场进行套期保值，在长期内能够提高企业的内在价值，规避农产品价格波动风险，稳定农产品货源。在提高自身内在价值的同时，企业的发展也带动了农业产业化的发展。"公司+农户"模式解决了农产品的销路问题，"公司+农户+期货公司"的模式规避了农产品现货市场的价格波动风险。现有研究基本只研究了公司和农户两者之间的关系，鲜有研究将公司、农户和期货市场三者的内在逻辑关系联系在一起，且实证研究相对较少，大多是理论研究。

本节在已有研究的基础上，首先运用"基于灰色预测的有无对比法"对农业龙头企业（上市公司）利用套期保值的效用进行研究，利用耦合度模型对龙头企业的内在价值与农业产业化的耦合度进行测度。

本节的结构如下：（1）引言及文献述评，主要介绍本节的写作目的、背景和相关研究基础。（2）龙头企业利用农产品期货市场的效用分析，运用 GM（1,1）的有无对比模型，对新希望集团参与农产品期货市场套期保值前后的财务数据进行模拟预测，对比企业参与农产品市场进行套期保值的效用。（3）龙头企业的发展与农业产业化的关联度研究，证明龙头企业的发展能促进农业产业化的发展。（4）龙头企业利用农产品期货推进农业产业化发展的作用机理分析，从理论上分析三者之间的关系。（5）小结。

在实证方法上，本节选用项目评估中常用的"有无对比法"，并结合灰色预测模型进行预测；在研究对象的选取上，本节先对期货市场、农业龙头企业和农业产业化三者两两之间的关系进行分析，然后进行综合分析。

二、龙头企业利用农产品期货市场的效用分析

农业龙头企业在期货市场进行套期保值是指农业龙头企业买入或者卖出与现货市场方向相反、数量相同的期货合约，因此规避现货市场价格波动产生的风险给企业生产成本带来压力或者农产品货源的稳定性问题。农业龙头企业通过参与农产品期货市场进行套期保值，提高了企业内在价值（陈欢，2011；等）。下文选取新希望集团（证券代码：000876）1999—2014 年的财务数据[①]为样本，参照相关研究（陈炜、沈群，2008），建立市值账面比（X_1）、托宾 Q（X_2）、净资产收益率 ROE（X_3）和资产收益率 ROA（X_4）4 个与企业内在价值相关的指标，运用有无对比法对新希望集团参与农产品期货市场套期保值前后的财务数据进行灰色预测（GM（1,1）），对比财务数据前后的变化，分析农业龙头企业参与农产品期货市场进行套期保值对企业价值的效用。

（一）基于 GM（1,1）的有无对比法

1. 模型介绍

有无对比法一般运用于项目评估方面，尤其是建设投资项目。一般

---

① 新希望集团于 1998 年 3 月在深圳证券交易所上市，上市初的相关数据会受到多方面因素的影响，且 1998 年的财务数据不满一个自然年，故舍去 1998 年的财务数据。数据来源于 Wind 数据库，其中 X_2 = 市值/净资产。用净资产代替资本重置成本，主要原因是资本重置成本数据不可获取。

选用投资后的相关财务数据作为原始序列进行数据模拟，得到没有进行投资时的相关财务数据指标，用投资后的真实数据与模拟数据进行对比，得出投资此项目对企业内在价值的提升贡献度。借鉴这种思路，本节选用1999—2014年新希望集团的相关财务数据进行分析。通过查阅新希望集团的年报，可知该公司于2013年开始参与农产品期货市场进行套期保值。选取市值账面比（X_1）、托宾Q（X_2）、净资产收益率ROE（X_3）和资产收益率ROA（X_4）作为原始数据，用GM（1,1）模型对数据进行模拟，通过对比真实的财务数据与模拟的财务数据的差距，分析上市公司通过期货市场进行套期保值的效用。

GM（1,1）模型是一个单变量的一阶微分方程模型，记原始数据为 $x_0 = \{x_0(1), x_0(2), ..., x_0(n-1), x_0(n)\}$，通过前后累加，生成累加序列 $x_1 = \{x_1(1), x_1(2), ..., x_1(n-1), x_1(n)\}$。令 $z_1(k) = 0.5(x_1(k) + x_1(k-1))$，其中 $k = 2,3,...,n$，则建立如下模型：$x_0(k) + az_1(k) = b$，或者用微分方程的形式表示如下：

$\dfrac{dx_1}{dt} + ax_1 = b$，其中 a 为发展灰数，b 为内生控制灰数。待估计参数向量 $T = \begin{pmatrix} a \\ b \end{pmatrix}$ 可以通过 LOS 方法进行估计，得到 $T = (B^T B)^{-1} B^T Y$，其中

$$B = \begin{pmatrix} -z_1(2) & 1 \\ -z_1(3) & 1 \\ \vdots & \vdots \\ -z_1(n) & 1 \end{pmatrix}, \quad Y = \begin{pmatrix} x_0(2) \\ x_0(3) \\ \vdots \\ x_0(n) \end{pmatrix},$$ B^T 为 B 的转置矩阵。求解灰色微分方程

$\dfrac{dx_1}{dt} + ax_1 = b$，可以得到时间响应函数为 $x_1(t) = \dfrac{b}{a} + ce^{-at}$，因为 $x_0(1) = x_1(1)$，所以 $x_1(t) = \dfrac{b}{a} + ce^{-at}$ 的初始条件是 $t=1$ 时，$x_1(1) = \dfrac{b}{a} + ce^{-a*1} = x_0(1)$，从而求解出未知参数 c，则 GM（1,1）模型的表达形式为：

$$\hat{x}_1(k) = \left[x_0(1) - \frac{b}{a}\right] e^{-a(k-1)} + \frac{b}{a}, \quad \text{其中 } k = 2,3,...,n \tag{4-14}$$

2.GM（1,1）模型优化

从模型建立的过程中可以看出，对背景值及未知参数的求解，精度有提高的空间，所以 GM（1,1）模型的优化有两种途径。

（1）模型参数的优化

在 GM（1,1）建模过程中，本书用到的是累加序列 $x_1 = \{x_1(1), x_1(2), ..., x_1(n-1), x_1(n)\}$，但是求解时间响应函数的初始值为 $x_0(1) = x_1(1)$，在优化模型中可以选择累加序列的模拟值与一阶累加序列的离差平方和的最小值作为模型的初始值（$\min \sum_{k=1}^{n} [x_1(k) - \hat{x}_1(k)]^2$），求解模型中的参数 c。通过计算，可以得到 $c = \dfrac{\sum_{i=1}^{n} [x_1(i) - \frac{b}{a}] e^{-at}}{\sum_{i=1}^{n} e^{-2at}}$，时间响应函数为 $x_1(t) = \dfrac{b}{a} + \dfrac{\sum_{t=1}^{n} [x_1(t) - \frac{b}{a}] e^{-at}}{\sum_{t=1}^{n} e^{-2at}} e^{-at}$。

（2）对背景值的优化

传统 GM（1,1）模型的背景值是 $z_1(k) = 0.5[x_1(k) + x_1(k-1)]$，徐宁、党耀国、丁松（2014）利用积分中值定理对背景值进行了改写，即 $z_1(k) = \int_{k-1}^{k} x_1(t) dt$，通过积分运算得到 $z_1(k) = \dfrac{x_1(k) - x_1(k-1)}{\ln x_1(k) - \ln x_1(k-1)}$，其中 $k = 2, 3, ..., n$。代入灰色微分方程，得到改进后的微分方程的时间响应函数式为 $\hat{x}_1(k+1) = [x_0(1) - \frac{b}{a}] e^{-ak} + \frac{b}{a}$。

（二）基于 GM（1,1）的有无对比法的实证结果

运用 GSTAV7.0 软件对原始数据进行处理，得到如下结果：

1. 基于 GM（1,1）模型的公司市值预测结果

初始化建模数据系列为 $x_1(k) =$（63 640,100 152,99 840,82 576,92 352, 61 568,73 320,235 788.8,609 533.046,260 936.918,1 021 590.67,1 708 458.41, 1 295 818.81,1 539 977.28），建立的 GM（1,1）模型为 $\hat{x}_1(k+1) = (63\,640 - \dfrac{773\,84.063}{-0.272}) e^{0.272k} + \dfrac{77\,384.063}{-0.272}$（预测值与实际值的平均误差为 1.62%，模型的预测精度较高）。根据 GM（1,1）模型进行两步预测，得出 2013、2014 年新希望集团在不参与期货市场的情况下，公司市值的预测值为 1 423 132.26 万元、1 947 825.53 万元，参与期货市场对公司市

值的贡献率为 6.89% 、 8.39% ， 对公司市值的增长率为 7.58% 、
19.55% 。实证结果表明，农业龙头企业参与期货市场套期保值，能
稳定企业的收益，提高上市公司股票价值，从而提升公司流通股
市值。

2. 基于 GM （1,1） 模型的所有者权益预测结果

所有者权益的预测 GM （1,1） 模型为 $\hat{x}_1(k+1) = (511\,508\,697.73 -$
$\dfrac{67}{-0.341})e^{0.272k} + \dfrac{67}{-0.341}$ （预测值与真实值的平均误差为 2.39%，模型的预
测精度较高）。根据 GM （1,1） 模型得到 2013、2014 年新希望集团在
不参与农产品期货市场进行套期保值的情况下，企业所有者权益的
预测值分别为 12 411 970 025.57 元、15 483 268 486.34 元，参与期货
市场对所有者权益的贡献率分别为 9.16% 、11.23% ，增长率分别为
4.67% 、12.02% 。

3. 净利润的 GM （1,1） 预测模型

净利润的 GM （1,1） 预测模型为 $\hat{x}_1(k+1) = (63\,886\,588 -$
$\dfrac{-7\,4995\,512}{-0.37})e^{0.37k} + \dfrac{-74\,995\,512}{-0.37}$ （预测平均误差为 2.03%，模型的预测精度
较高）。依据模型，预测 2013、2014 年在不参与期货市场进行套期保值的情
况下，新希望集团的净利润分别为 1 701 263 125.76 元、1 710 563 386.61
元，参与期货市场对净利润的贡献率分别为 6.38% 、8.41% ，增长率分
别为 7.18% 、8.35% 。

4. 总资产的 GM （1,1） 预测模型

总资产的 GM （1,1） 预测模型为 $\hat{x}_1(k+1) = (678\,339\,721.23 -$
$\dfrac{145\,669\,201}{-0.275})e^{0.275k} + \dfrac{145\,669\,201}{-0.275}$ （预测平均误差为 1.65%，模型的预测精
度较高）。根据 GM （1,1） 模型预测 2013、2014 年不参与期货市场进行
套期保值的情况下，新希望集团的总资产分别为 28 621 346 926.15 元、
30 639 527 349.67 元，参与期货市场对总资产的贡献率分别为 7.15% 、
5.34% ，增长率分别为 4.99% 、8.27% 。

依据预测结果，计算代表企业价值的 4 个指标在参与农产品期货市
场前后的变化，见表 4-29。

表 4-29　　　　　　　　　　　企业内在价值变化表

价值 \ 年份	2013年			2014年		
	预测值	实际值	变化率	预测值	实际值	变化率
市值账面比	1.13	1.18	4.23%	1.25	1.38	9.42%
托宾Q	0.96	0.85	-12.94%	0.88	0.73	-20.55%
净资产收益率	0.09	0.14	35.71%	0.102	0.11	7.27%
资产收益率	0.04	0.06	33.33%	0.03	0.05	40%

从表 4-29 中可以看出，农业龙头企业参与农产品期货市场套期保值后，对代表企业内在价值的 4 个指标都有改进效果。市值账面比分别增加了 4.23% 和 9.42%，说明企业的股票价值在上升，投资者对企业的预期价值不断提高；托宾 Q 同比下降了 12.94% 和 20.55%，说明股票价值泡沫在缩小，企业处于稳定健康的发展趋势。净资产收益率和资产收益率同样有大幅度增加。由实证结果可以看出，企业参与期货套期保值，降低了原材料的价格波动对生产成本造成的变动风险，提前锁定收益，降低企业股票价值的泡沫风险。综上所述，农产品期货市场的套期保值功能有利于提高农业龙头企业内在价值。

三、龙头企业的发展与农业产业化的关联度分析

龙头企业的壮大，能促进农业产业化的发展，一方面是由于龙头企业资金雄厚，生产能力较强，对初级农产品需求较大，在市场需求中占有较大比重，同时龙头企业具有向国际市场发展的能力，能提高国内农产品在国际市场上的份额，从而促进农业产业化的发展；另一方面是由于龙头企业能快速捕捉市场信息，调节农户种植面积和品种，避免跟风种植造成供过于求，在农业种植过程中，龙头企业还可以给农户提供技术支持，提高农产品产量。农业龙头企业与区域农业产业化发展的关联度水平是多少？两者是否有相关关系？这两个问题是本节要研究的问题。本节运用灰色关联模型对新希望集团内在价值数据与四川省农业产业化水平的关联度进行测度。

（一）农业产业化水平测度

农业产业化的核心是促进经济增长，根本途径是提高农业水平，优化农业生产组织形式，实现供销等一体化。其具体表现为农业能否促进经济增长、农业生产效率是否较高、农业生产规模是否较大等。据此，本节选取人均农业机械总动力（$X1$）等 8 个指标测度四川省农业产业化水平，并提出相应的预期。本节选取 1999—2014 年的相关数据，数据来源于 WIND 数据库、《四川省统计年鉴》、四川省统计公报，笔者通过整理，得到最终的指标值。具体的指标体系见表 4-30。

表 4-30   指标体系

指标	评估指标	指标说明	预期
$X1$	人均农业机械总动力	$X1$=农业机械总动力/农林牧渔业人数	+
$X2$	机耕面积占耕地面积比率	$X2$=机耕面积/年末实有耕地面积	+
$X3$	单位耕地农用化肥使用量	$X3$=化肥使用量/年末实有耕地面积	+
$X4$	有效灌溉面积占耕地面积比重	$X4$=有效灌溉面积/年末实有耕地面积	+
$X5$	粮食单位面积产量	—	+
$X6$	人均农林牧渔业产值	$X6$=农林牧渔业产值/农林牧渔业人数	+
$X7$	人均固定资产投资额	$X7$=农林牧渔业固定资产投资额/农林牧渔业人数	+
$X8$	人均固定资产投资额	—	+

采用因子分析法，对 8 个指标数据进行处理，实证测度四川省农业产业化水平，结果如下：

（1）因子分析可行性分析。本节运用 KMO 检验和 Bartlett 检验，对因子分析法的可行性进行检验，结果见表 4-31。

表 4-31   KMO 和 Bartlett 检验结果

KMO 值		0.852
Bartlett检验结果	近似卡方	160.193
	df	28
	Sig	0.00

一般认为，KMO 值在 0.8 至 0.9 之间，都适合做因子分析，0.852 属于这个范围，所以认为可以做因子分析；在 Bartlett 检验中，近似卡方值为 160.193，伴随概率为 0，通过了 5% 的显著性水平检验，所以认为适合做因子分析。

（2）提取公共因子、计算综合得分。提取公共因子的原则是特征值大于 1。运用 SPSS19.0 对数据进行处理，得到四川省各年份农业产业化水平得分，见表 4-32。[①]

表 4-32　　　　　　　　　　**四川省农业产业化水平**

年份	$f1$	$f2$	f [②]	综合排名
1999	-1.30	-0.84	-1.17	16
2000	-1.08	-0.83	-1.01	14
2001	-1.16	-0.71	-1.02	15
2002	-1.21	-0.49	-1	13
2003	-0.52	-0.38	-0.48	12
2004	-0.47	0.09	-0.3	11
2005	-0.33	0.27	-0.15	10
2006	-0.37	0.54	-0.09	9
2007	-0.14	0.78	0.14	8
2008	0.14	1.23	0.48	7
2009	0.52	1.14	0.72	4
2010	0.58	1.35	0.82	3
2011	0.66	1.55	0.94	1
2012	1.31	-1.24	0.53	6
2013	1.55	-1.24	0.7	5
2014	1.82	-1.22	0.89	2

①　考虑到本节的篇幅，这里省略了因子分析的具体步骤，若读者需要，可以向作者索要。

　　由表 4-32 可知，四川省农业产业化水平基本呈现逐年上升趋势，但是也出现了跳跃性排名现象，尤其是近几年来这种现象更加频繁。这一方面是由于当年的气候突变，另一方面是因为越来越多的农业龙头企业参与农产品期货市场，稳定了农产品期货价格。笔者采用耦合度模型验证出农业龙头企业内在价值与农业产业化水平呈现较强的正相关性。

　　（二）龙头企业发展与农业产业化关联度分析

　　在实证测度四川省农业产业化水平的基础上，本节选取四川省相关农业上市公司数据，参照伍婷婷（2010）的研究，选用市值账面比、托宾 Q、ROE、ROA 等 4 个指标作为上市公司[①]内在价值指标，用因子分析得分结果作为农业产业化水平。运用耦合度模型进行分析，实证分析步骤、结果如下：

　　1. 设定功效系数

　　设 $u_i(i=1,2,...,m)$ 为公司内在价值——农业产业化系统序参数，u_{ij} 是第 i 个序参数的第 j 个指标，其值为 X_{ij}。α_{ij} 和 β_{ij} 分别是序参数的最大值和最小值。设公司内在价值对农业产业化的功效系数为：

$$u_{ij}=\begin{cases}(X_{ij}-\beta_{ij})/(\alpha_{ij}-\beta_{ij}),u_{ij}\text{具有正的功效}\\(\alpha_{ij}-X_{ij})/(\alpha_{ij}-\beta_{ij}),u_{ij}\text{具有负的功效}\end{cases}$$

　　其中：$u_{ij}\subset（0,1）$，u_{ij} 越大，代表各指标达到最优水平的程度越高。序参数的最大值和最小值一般取指标中的最大值和最小值。

　　2. 耦合度函数

　　耦合度函数是在物理学中演变过来的，其一般形式为：

$$C_n=\left\{(u_1 \cdot u_2 \cdot ... \cdot u_n)\bigg/\left[\prod(u_i+u_j)\right]\right\}^{1/n}$$

　　转化成农业龙头企业内在价值与农业产业化两者的模型为：

$$C=2\left\{(u_1 \cdot u_2)/[(u_1+u_2)(u_1+u_2)]\right\}^{1/2}$$

　　3. 耦合协调模型

　　耦合协调模型主要是从实证的角度研究龙头企业内在价值的提升能

---

　　① 以新希望集团为代表进行研究的原因是新希望集团是目前四川省最大的农业上市公司，对农业产业化的影响较大。

否促进农业产业化水平，对研究农业产业化水平与农业龙头企业的发展耦合作用强度，不同年份农业产业化水平变化趋势等问题有重要的意义。因为耦合度模型容易受基准年数和指标关联的影响，所以单纯地选用耦合度模型不足以说明问题，为此增选耦合协调模型，其目的是研究不同年份之间的相互影响，具体算法可以表示为 $\begin{cases} D = (C \times T)^{1/2} \\ T = aU_1 + bU_2 \end{cases}$，

$T \subset (0, 1); D \subset (0, 1)$，且有表 4-33 所示的关系。

表 4-33 协调关系表

D	(0, 0.4)	(0.4, 0.5)	(0.5, 0.8)	(0.8, 1)
协调关系	低度协调	中度协调	高度协调	极度协调

4. 龙头企业内在价值与农业产业化水平时序变动分析

本节选取 1999—2014 年四川省农业产业化相关数据和农业龙头企业新希望集团的内在价值相关数据，分别计算四川省农业产业化水平、耦合度和耦合协调度，绘制成图 4-3。

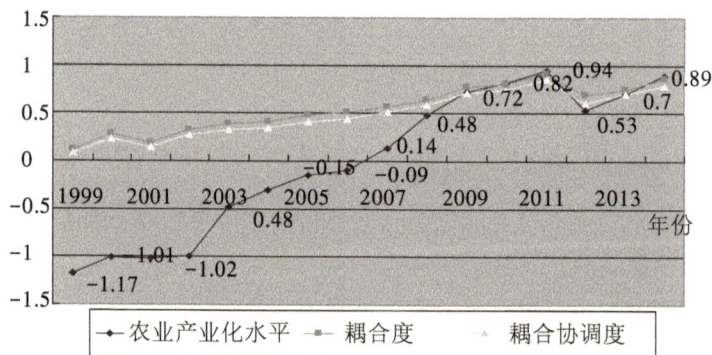

图 4-3 龙头企业内在价值与农业产业化水平的耦合协调变化图

从图 4-3 可以看出，四川省农业产业化水平总体不断提高，但在 2008—2011 年出现下滑趋势，主要是由于美国次贷危机影响到了全球经济，我国第一产业（农业）同样受到了重创，影响了农业产业化的进程。1999—2014 年，四川省农业产业化水平基本呈现稳步上升趋势，农业产业化水平与农业龙头企业内在价值的耦合度和耦合协调度也基本呈现稳步上升趋势。1999—2003 年，由于我国现代农业技术相对落后，农业龙头企业发展时间较短，对农业产业化的促进作用不明显，二

者呈现低度下调关系。2004—2007 年，四川农业产业化水平呈现快速上升趋势，根本原因是国家"三农"政策的支持。"三农"政策的支持，使得农业龙头企业在短时间内快速发展。在短短的几年内，新希望集团的市值连年翻番。农业龙头企业的发展，保证了农产品的销路，从而促进了农业产业化的发展，所以在这一时期，龙头企业内在价值与农业产业化呈现中度协调关系。2008—2011 年，由于受到美国次贷危机的影响，农产品出口受到了重创，农业产业化的增速下降，但是在这一时期，农业龙头企业与农业产业化的耦合度仍然稳步上升，两者呈现高度协调关系，部分时期甚至呈现极度协调关系。2012—2014 年，随着农产品期货市场的发展，新希望集团参与农产品期货后，龙头企业内在价值与农业产业化耦合度快速上升，基本呈现极度协调关系。总的来说，四川省龙头企业内在价值与农业产业化的耦合度呈现正的协调关系，龙头企业内在价值的提升有利于农业产业化的发展，利用农产品期货能有效提高农业龙头企业内在价值。

四、龙头企业利用农产品期货推进农业产业化发展的作用机理分析

由于期货是知识密集型行业，且交易成本较高，农户知识水平有限，不可能单独参与农产品期货市场，所以直接参与农产品期货市场的主体往往是农业龙头企业。农业龙头企业参与农产品期货市场，规避价格风险，提高了订单农业的履约率，促进了农业产业化的发展。

（一）期货市场的作用

1.期货市场为农民提供更完善的价格信息

农户一般依据上一年市场价格来预期当年的农产品价格，并安排种植。如图 4-4 所示，如果上一年某种农产品的市场价格为 P_0，高于市场的均衡价格，第二年农户会跟风种植，导致供大于求，即 $Q_1 < Q_0$，使得市场价格变为 P_1，农户亏损；由于第二年该种农产品的市场价格较低，农户种植的积极性降低，第三年的种植面积减少，市场价格上升为 P_0，但是由于产量下降，农户的收益依然没有改善，最终使得农产

品价格呈现波浪式的周期变化，增加了农业生产的风险，不利于农业产业化的发展。

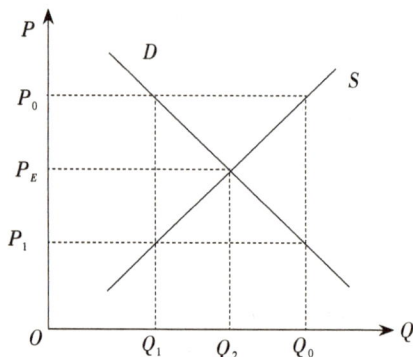

图 4-4　封闭型蛛网模型图

农产品期货价格能为农业产业化主体提供价格信息。这是由于期货价格具有连续性的特征，而现货价格不具备这种特征，并且农产品期货价格具有预期性的特征，能在一定程度上预测未来农产品价格走势，相对于现货价格，期货价格能为参与主体提供更加完善的价格信息。

2. 农产品期货市场为龙头企业提供套期保值交易转移风险

龙头企业与农户签订合同后，如果市场价格波动较大，在无任何挽救措施的情况下，违约风险较大，不利于农业产业化的发展。由于期货市场上有众多的投资者，在"公司+农户+期货公司"模式下，龙头企业可以通过在期货市场购买一份方向相反、数量相等的期货合约，使价格风险在众多的投资者中转移，即使价格波动较大，也不会给企业或农户带来不必要的利益损失，从而提高订单农业的履约率。

（二）农产品期货、龙头企业与农业产业化的理论关系

农产品市场的价格发现和套期保值功能，规避了龙头企业的价格风险。因此，龙头企业通过参与农产品期货市场进行套期保值，可以提高龙头企业的内在价值，保障农产品的正常销路，增加农户收入，促进农业产业化的进展。三者之间的关系如图 4-5 所示。

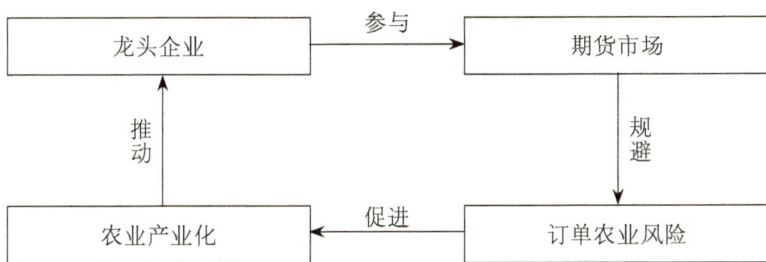

图 4-5　理论关系图

五、小结

龙头企业利用农产品期货市场的套期保值功能，在规避订单农业风险的同时，提高了龙头企业的内在价值，促进了农业产业化水平。一方面，由于我国证券市场起步较晚，体制机制不健全，所以我国利用农产品期货市场促进农业产业化的步伐还需不断加快；另一方面，由于农业龙头企业自身套期保值意识较弱，参与农产品期货市场的积极性较低，所以也阻碍了农业产业化的发展。

（一）基于政策的视角

由于我国农产品期货市场起步较晚，现阶段套期保值功能发挥得不够充分，龙头企业利用农产品期货市场进行套期保值从而规避价格风险的意识还处于萌芽阶段。农业龙头企业利用农产品期货套期保值在促进自身内在价值提高的同时，能够促进农业产业化的发展，所以各级政府和管理部门要从以下几个方面给予政策支持。第一，丰富大宗农产品期货品种。一方面，从我国农产品期货产品的结构可以看出，大部分为初级农作物，类似于菜籽油等的农作物加工产品较少，在期货合约中可以规定标的物为农作物的加工产品，如花生油、玉米粉等，这样在储存的过程中就不易出现腐烂等问题，而且也会推动农业产业化的进程。另一方面，我国农产品期货的种类有待丰富，选择供给和需求量较大的大宗商品发展为农产品期货，例如生猪等产品，有利于农业产业化的发展。第二，支持龙头企业参与农产品期货市场进行套期保值。期货市场是一个知识密集型行业，部分涉农企业由于人才缺乏，参与农产品期货市场的积极性不高，所以有关政府部门有必要在人才方面给予涉农企业相关支持。第三,适时与国际市场接轨。国外农产品期货市场有较完善的运行机制,国内市场与国际市场对接有利于提高我国农产品期货市场的成熟度,顺应经济全球化的需要。

（二）基于产业发展的视角

第一,单个涉农企业的实力比较单薄,可以从产业发展的角度成立企业联盟社,以组织的形式参与农产品期货市场进行套期保值;第二,通过国有企业改革,大型国有涉农企业建立现代企业制度,自主经营,自负盈亏,根据企业的需要决定是否需要进入农产品期货市场进行套期保值。

（三）基于期货市场的视角

期货市场是龙头企业通过套期保值规避风险的中介,期货市场交易制度的完善程度决定了期货市场的发展。相关部门应该从以下几个方面进行改革,完善期货市场制度。第一,适时推出农产品期权,完善期货市场体系。因为期权的优越性在于在任何状态下都可以将参与主体的损失降到最低,所以推出期权将有效地提高涉农企业或农户参与农产品期货进行套期保值的积极性,提高农业产业化水平。第二,建立风险控制检测系统,降低期货交易的系统性风险。我国的商品交易所可以借鉴美国商品交易所风险控制检测系统的经验,设计适当的风险检测系统,降低参与主体的风险,提高参与主体的积极性。

（四）基于龙头企业的视角

龙头企业参与农产品期货市场进行套期保值,提高了自身的内在价值。但是,由于期货市场同样存在风险,所以龙头企业应该从以下几个方面提高参与农产品期货市场的能力。第一,加大金融专业人才储备。金融专业人才能够准确判断市场行情,适时帮助企业买卖农产品期货合约进行套期保值,规避价格风险;并且,金融专业人才的风险意识较强,参与农产品期货市场的积极性较高。第二,准确无误地掌握期货市场信息。企业内部应该成立现货和期货行情"观察站",力争一体化、全方位地掌握农产品期货市场的行情,为企业正确选择参与农产品期货的时机奠定基础。

第五节 兵团利用农产品期货市场推动农业产业化升级的策略方案

　　农业产业化是促进农民增收的根本出路，是实现兵团现代农业的现实选择。但一方面，农业的弱质性以及国际农产品价格的不确定性加大了订单农业的违约风险，使得农业产业化的发展面临严峻挑战；另一方面，在经济全球化背景下，农产品的小生产与大市场矛盾更加突出，农业与市场的有机联结成为影响农业产业化的核心问题。农产品期货市场具有规避风险、价格发现的功能，有助于降低订单农业违约风险、优化种植结构、提高农产品的市场竞争力，解决小生产与大市场的问题。

　　在农业产业中，市场和农户、涉农企业存在着"大"与"小"、信息不对称的矛盾。要实现农业经济的可持续增长，有效规避风险，首先要实现农业规模化、产业化发展。农业产业化的主体是农民和企业，企业的所有者是一个经营者，在经营中面临诸多风险：农产品原料购买价格风险、筹资风险、投资风险以及农产品销售价格风险。农业产业化发展程度不同，对应的风险存在很大差异，同时对市场环境的要求也不同。农业产业化的发展和升级就是利用科学技术和现代企业制度使农业的上游、中游和下游参与者形成完整的产业链条，在充分利用市场的前提下，农、工、商无缝对接，产、供、销更加专业化，涉农商品的供给合理均衡化，经营实现规模化和一体化，抗风险能力增强。农业产业化发展，需要产业链条上的利益相关者积极参与到市场中，相互协调配合，解决信息不对称的矛盾。从经济学的角度来看，无论是农户还是处于不同阶段的涉农企业都是一个经济人，经济人必然以利润最大化为目标，这样会加剧信息不对称的矛盾。因此，需要一个市场、一个机制来解决这个矛盾。农产品期货市场作为金融市场的一个分支，有效地实现了发现价格、提供信息、规避风险的功能。随着农产品期货市场的不断发展，其有效性逐步提高，农业产品相关信息通过价格的形式展示出来。有效利用农产品期货市场对农业产业化的发展具有很大的杠杆作用。

　　在农业产业化过程中，不可避免地存在两种风险：自然风险和产品风险。自然风险主要包括气候、病灾、虫灾等，是各个国家在农业生产中无法回避的问题；产品风险主要指市场风险，包括价格、农产品品种特性、技术、成本等。农业产业化的风险主要表现为产品风险。因此，农业产业化风险的规避对农产品期货市场的发展需求越来越高。农产品期货市场品种多、规模大，有利于农业企业更好地规避市场风险，企业风险管理的操作空间更大。在农产品期货市场效率低的时期，农产品期货市场参与者较少，其规避风险的程度较低。在这种情况下，农业产业化对农业经济增长的贡献就低。一方面，农产品期货市场影响力有限；另一方面，农业企业对农产品期货市场的认知度非常低。

基于以上原理，本节以棉花产业链为例，分别就农业产业化升级中的上游主体即农户、中游主体即棉麻企业以及下游主体即纺织企业如何利用农产品期货市场促进农业产业化升级进行案例设计。

一、农业产业化发展中的上游主体（农户）规避价格风险的策略方案

1. 棉花价格走势分析

基于对棉花的供求现状和相关因素的分析，我们不难得出结论：未来国际国内棉价均存在下行风险。

一方面，全球棉花供给处于持续增长状态。虽然产量受棉价下跌影响预计会有小幅下降，但库存量在全球范围内将持续保持增长。备受关注的美国旱灾事件对棉花供给的影响非常有限，国内的洪涝灾害对棉花供给同样不构成趋势性的影响，预计国际国内棉花供给将持续处于产能过剩局面。

另一方面，全球棉花需求将持续萎缩。从宏观基本面来看，2015年8月全球制造业指数普遍处于收缩状态，表明国际范围内的经济周期低谷仍在持续，经济回暖尚需时日。从棉花下游需求行业纺织行业来看，纺织行业总体面临着经济周期底部带来的增长困境，再加上人口红利逐渐消失，我国纺织产品出口不再具备价格优势，一些国际品牌的撤离导致行业对棉花的需求量骤减，且短期内难有升温迹象。同时，"十二五"规划中，加速纺织替代产品高新化学纤维产业发展的规划，将导致国内棉花需求进一步降低。

2. 规避风险的方案设计

由于国际棉价有下降的趋势，如果棉农不能利用金融工具规避价格风险，就会打击农户的种植积极性。金融衍生工具中的远期合约刚好具备这个优势，下文将设计棉农通过远期合约规避价格风险的方案。

农户现在在棉花市场上卖出棉花的价格为 12 800 元/吨，3 个月期棉花的远期合约价格为 12 760 元/吨，受棉花产能过剩、价格下跌的影响，种植棉花的农户担心 3 个月后到棉花采摘的季节，棉花的价格很可能会下降。因此，为了规避棉花价格下行的风险，农户希望能够通过签署 3 个月期的远期合约，约定 3 个月后双方按照合约规定的价格执行交易。纺织企业与新疆生产建设兵团棉麻公司（以下简称兵团棉麻公司）签订一份合约，要求 3 个月后兵团棉麻公司向它提供一批棉花货源，兵团棉麻公司担心 3 个月后棉花的价格可能会上涨，兵团棉麻公司销售棉花的现货价格为 13 000 元/吨，3 个月期的远期合约价格为 13 150 元/吨，如果兵团棉麻公司现在在现货市场上直接买入棉花，需要囤积大量棉花，由于棉花的库存量较大，库存成本也较高。因此，兵团棉麻公司希望能够和农户签订一份远期合约，约定 3 个月后双方按照远期合约的执行价格 12 900 元/吨交割棉花实物。（不考虑货币时间价值和保证金的影响）

（1）假设 3 个月后，棉花的现货价格和期货价格下降，则农户与棉麻公司的损益情况见表 4-34。

表 4-34　　　　　　**现货价格和期货价格下降损益表**

日期	空头/多头	现货价格	期货价格	交割价格	交割数量（手）	盈亏（元）
3 个月前	空头方（农户）	12 800 元/吨	12 760 元/吨	12 900 元/吨	0	0
	多头方（棉麻公司）	13 000 元/吨	13 150 元/吨	12 900 元/吨	0	0
3 个月后	空头方（农户）	12 550 元/吨	12 500 元/吨	12 900 元/吨	-1 329	+2 325 750
	多头方（棉麻公司）	12 600 元/吨	12 680 元/吨	12 900 元/吨	+1 329	-1 993 500

通过表 4-34 可以看到，3 个月后作为空头方的农户的棉花现货价格下降为 12 550 元/吨，双方按照签订的远期合约进行实物交割，农户卖出棉花，棉花的交割价格为 12 900 元/吨，此时农户总的收益为（12 900-12 550）×1 329×5=2 325 750（元）。作为多头方的棉麻公司到期买进 1 329 手的棉花，棉花的现货价格为 12 600 元/吨，棉麻公司的损失为（12 900-12 600）×1 329×5=1 993 500（元）。农户通过与棉麻公司签订远期合约有效地规避风险，减少的损失为（12 900-12 600）×1 329×5=1 993 500（元），棉麻公司由于判断失误，最终承担了 1 993 500 元的损失。

（2）假设 3 个月后棉花的现货价格和期货价格上升，则农户和棉麻公司双方的损益情况见表 4-35。

表 4-35　　　　　　　　现货价格和期货价格上升损益表

日期	空头/多头	现货价格	期货价格	交割价格	交割数量（手）	盈亏（元）
3 个月前	空头方（农户）	12 800 元/吨	12 760 元/吨	12 900 元/吨	0	0
	多头方（棉麻公司）	13 000 元/吨	13 150 元/吨	12 900 元/吨	0	0
3 个月后	空头方（农户）	13 000 元/吨	12 980 元/吨	12 900 元/吨	-1 329	-664 500
	多头方（棉麻公司）	13 200 元/吨	13 180 元/吨	12 900 元/吨	+1 329	+1 993 500

通过表 4-35 可以看到，3 个月后作为空头方的农户的棉花现货价格上升为 13 000 元/吨，双方按照签订的远期合约进行实物交割，农户卖出棉花，棉花的交割价格为 12 900 元/吨，此时农户总的损失为（13 000-12 900）×1 329×5=664 500（元）。作为多头方的棉麻公司到期买进 1 329 手的棉花，棉花的现货价格为 13 200 元/吨，棉麻公司的收益为（13 200-12 900）×1 329×5=1 993 500（元）。棉麻公司通过与

农户签订远期合约有效地规避风险，减少的损失为（13 000−12 900）×1 329×5=664 500（元），农户由于判断失误，最终承担了 664 500 元的损失。

综合以上两种情况，棉农和企业可以将价格风险降到最低，所以棉农和企业参与期货市场买卖远期合约可以规避风险。

二、农业产业化发展中的中游主体（棉麻企业）套期保值策略方案

1. 兵团棉麻公司介绍

兵团棉麻公司成立于 1991 年，现已发展成为集收购、加工、批发、仓储运输、行业管理、酒店服务于一体的大型棉花流通企业，销售网络遍布全国主要用棉区。近几年，兵团棉麻公司按照棉麻流通体制改革的大方向和产业化经营的主目标，围绕自身发展和服务各植棉师的宗旨，逐步确立了"稳健、发展、规范、竞争、服务、和谐"的科学经营观，诚实守信，互惠共赢，以销定购、快购快销，用速度创造规模，用规模创造效益。

兵团棉麻公司围绕流通抓产业，抓好产业促流通，紧紧围绕棉花流通这个环节，向纺织企业和生产领域双向延伸，互惠共赢，棉花贸易与棉花加工两业并举，推进棉花产业稳定发展，并逐步确立了"稳健经营、理性操作、三大业态（现货、期货、撮合）协调运作、三级经营（本部、二级站、分公司）、分级管理、集中决策、分层考核"的经营管理模式。

围绕着经营效益和管理效益，兵团棉麻公司充分发挥制度监督、财务监督、审计监督、党纪监督四大监督体系在企业经营管理中的作用，并围绕做大做强的理念，逐步打造出一支有战斗力的人才队伍、一个叫得响的兵团棉麻公司品牌、一团有人情味的和谐文化氛围。目前，兵团棉麻公司拥有 22 个独立法人单位、7 家棉花加工厂、1 家三星级旅游酒店，年销售皮棉 20 万吨以上；拥有 7 个棉花二级站、6 条铁路专运线，运输网络覆盖南北疆产棉区；年仓储能力 45 万吨、发运能力 150 万吨，承担着全兵团年 75% 以上的商品棉的仓储和运输

工作。

自 1992 年以来，兵团棉麻公司先后被国家文明委、全国供销合作总社、新疆维吾尔自治区、兵团、中国农业发展银行新疆分行和乌鲁木齐市授予"全国文明单位""中国服务业企业 500 强""全国供销合作社系统先进集体""实施卓越绩效模式先进企业""兵团农业产业化重点龙头企业""农发行新疆分行 AAA 级信用企业""乌鲁木齐市经济发展贡献突出企业""治安模范单位"等荣誉称号。

由于棉花现货价格受多方面因素影响，所以棉麻公司时刻面临价格风险。利用期货的套期保值功能能有效地规避现货市场价格风险，防止兵团棉麻公司遭受损失。鉴于兵团棉麻公司目前尚未利用棉花期货套期保值，所以本研究通过假设数据（由于兵团棉麻公司不是上市公司，其数据不对外公开，无法获取）探讨兵团棉麻公司参与农产品期货市场进行套期保值后对公司盈亏的影响。

2. 兵团棉麻公司套期保值策略

根据对国际和国内棉花供求关系和相关因素的基本面分析，我们有理由相信，由经济周期底部带来的消费需求萎缩和产能过剩将会在未来一年中持续影响棉花价格，未来棉花价格下行是一个大概率事件。

由于纺织企业往往需要囤积大量棉花以避免经营风险，所以棉麻公司的棉花库存量也较大。因此，在套期保值方向上，我们建议棉麻公司在未来几年中主要采取卖出策略，从而规避棉花价格下行对公司库存棉花造成损失。

考虑到如果在未来几年中出现全球"量化宽松"导致大宗商品价格上涨、国内棉花收储价格提高支撑棉价走高、经济复苏引致下游需求转旺或种植面积缩减改变供需格局等导致棉花价格出现短期回升的情况，在这些因素占主导的季度，棉麻公司可以考虑根据基本面状况的改变而实行当季度短期的买入策略。

3. 兵团棉麻公司套期保值市场选择

可供棉麻公司选择的进行套期保值的期货合约有两个：国内郑州商品交易所的 CF 期货合约和美国洲际交易所的 NYBOT 期货合

约。由于棉麻公司主要采取的是卖出策略，考虑到棉麻公司并不是在未来真的要售出这批棉花库存，而只是希望在未来棉花价格下降之后可以弥补在购买这批棉花库存时多付出的价格差价，因此我们认为，棉麻公司采取的期货交易策略主要是现金套期保值策略，而不涉及交割以及和交割相关的运输费用、关税费用、交割费用等期货条款。另一个支持棉麻公司采取现金套期保值策略的原因是，美国洲际交易所棉花期货合约的交割品种是 427，不同于国内棉花生产的标准品种 328，如果棉麻公司采取交割策略，将会面临品种规格不符的问题。

基于棉麻公司主要采取现金套期保值的策略，我们关注的重点是目标期货市场的棉花价格走势和国内棉花现货价格走势的相关度要尽可能高，从而使得期货市场上的套期保值策略规避价格风险的有效性更高，同时不将涉及套期保值交割策略的交割费用、运输费用、关税费用等信息纳入考虑范畴。

在测算两个期货市场棉花期货价格走势和国内棉花现货价格走势的相关度时，我们选用 2013 年 1 月 4 日到 2015 年 6 月 30 日两年半共602 日的数据，分别测算国内郑棉期货价格与国内 CC Index328 的棉花现货价格的相关系数（如图 4-6 所示），以及美国洲际交易所期货NYBOT 与国内 CC Index328 的棉花现货价格的相关系数（如图 4-7 所示），得到结论如下：$r1 = 0.912$，$r2 = 0.568$。因此，在套期保值市场的选择上，建议棉麻公司选择在国内郑州商品交易所卖出 CF 期货合约进行套期保值。

4. 兵团棉麻公司套期保值比率确定

关于套期保值比率的确定，历史上存在较多不同的方法和手段，主要包括简单套期保值及 VaR 这两种方法。由于我们对国内棉花现货和郑棉期货的历史数据做相关分析得出的相关系数并不为 1，不符合简单套期保值方法的假设前提，因此我们在此选用 VaR 方法对兵团棉麻公司套期保值比率进行量化。

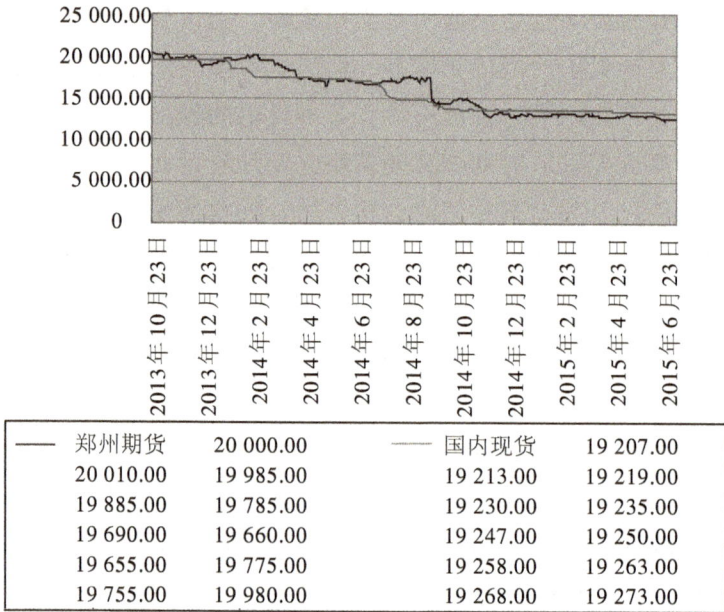

— 郑州期货	20 000.00	— 国内现货	19 207.00
20 010.00	19 985.00	19 213.00	19 219.00
19 885.00	19 785.00	19 230.00	19 235.00
19 690.00	19 660.00	19 247.00	19 250.00
19 655.00	19 775.00	19 258.00	19 263.00
19 755.00	19 980.00	19 268.00	19 273.00

图 4-6 棉花现货与郑州期货价格的关系图

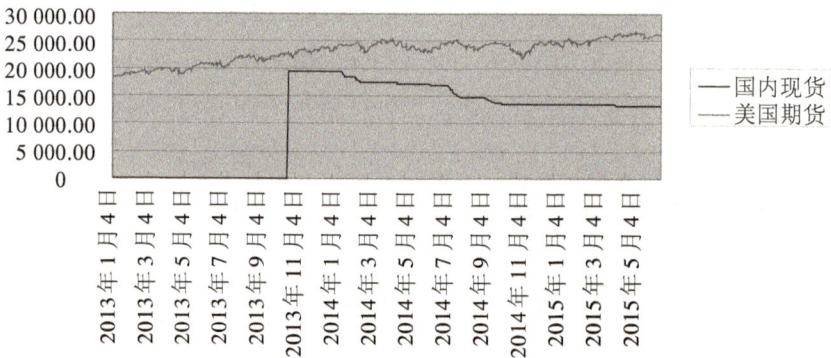

图 4-7 棉花现货与美国期货市场价格的关系

这一方法描述了在市场正常波动下，某一金融资产或资产组合的最大可能损失。换而言之，VaR 描述了在某一特定的时期内，在给定的置信度下，某一金融资产或其组合可能遭受的最大潜在损失值，从而提供了一种新的风险测量方法，将投资者在未来某一给定时间内所面临的市场风险用货币单位来表达。以风险测量方法 VaR 为基础的最小 VaR 套期保值模型，能够更好地量化期货、现货资产组合的风险和收益，现已被全球各主要银行、投行、公司、金融监管机构等作为最主要的风险管理方法之一，也是目前国内外主要期货公司在计算套期保值比率时认可度最高的主流方法。因此，我们主要考虑选用最小 VaR 方法来测算棉麻公司套期保值比率。

根据 VaR 的定义，套期保值资产组合在置信水平 a 下收益率 Rh 低于 $-VaR(h)$ 的概率为 $1-a$，即：

$$Prob\ (Rh \leqslant -VaR(h)) = 1-a$$

假设资产收益率服从正态分布，根据中心极限定理，将上式标准化，可以得到以下式子：

$$Var(h) = hE(Rf) - E(Rs) + \Theta^{-1}(a)\sqrt{\sigma_s^2 + h^2\sigma_f^2 - 2\sigma_{kf}}$$

对上式关于套期保值比率 h 求导，按一阶导数条件整理后得到置信水平为 α 的最优套期保值比率为：

$$h_{Var}^* = p\frac{\sigma_s}{\sigma_f} - \frac{E(R_f)\sigma_s}{\sigma_f}\sqrt{\frac{1-p^2}{(\Theta^{-1}(a))^2\sigma_f^2 - (E(R_f))^2}}$$

对 CC Index 328 现货和郑州棉花期货从 2013 年 1 月 4 日到 2015 年 6 月 30 日两年半共 602 日数据的收益率进行 JB 检验，得到 P 值分别为 2.82 和 1.94，均大于 0.05，我们认为两项收益率服从正态分布。

运用上式，我们将 CC Index 328 现货和郑州棉花期货 602 日的数据进行计算，得到置信度为 0.95 的最佳套期保值比率为 0.5381，置信度为 0.99 的最佳套期保值比率为 0.5503，本节采用置信度为 0.99 的最佳套期保值比率，即 $h=0.5503$，计算兵团棉麻公司的套期保值手数。

考虑到公司在进行套期保值时，为保证现金流的安全性，并不能按照企业年总需求量 100% 的比例进行完全保值，而是按照保值比例不超过企业年总需求量的 80% 的原则来进行操作，并结合业界的操作习惯，本书将兵团棉麻公司的套期保值额度确定为年总棉花需求量的 60%，并按照逐季滚动的方式进行保值。也就是说，兵团棉麻公司提前买入每季度生产所需的棉花现货，同时在郑棉市场上按照季度需求量的 60% 卖出棉花期货合约进行套期保值。本书假设兵团棉麻公司的季度生产所需棉花为 20 000 吨，按照 60% 的比例确定，公司需进行套期保值的额度为 20 000×60%=12 000（吨）。

5. 兵团棉麻公司套期保值操作策略

（1）套期保值策略方案及其成本

基于对未来棉花将持续产能过剩导致价格走低的判断[1]，我们建议兵团棉麻公司在未来一年中，逐季对棉花库存的 60% 采取卖出期货合约的策略；根据国内外期货市场和国内棉花现货市场的相关度，建议兵团棉麻公司选择相关度更高的郑州商品交易所进行期货套期保值；同时，建议兵团棉麻公司根据最小 VaR 方法测算的最佳套期保值比率，每季度卖出 1 329 手 CF 期货合约。

由此兵团棉麻公司每季度需承担的手续费为 1 329×8×2=21 264（元），每年需承担的手续费为 1 329×8×2×4=85 056（元），根据买入时间 2015 年 6 月 30 日的实时价格，可算出每季度需缴纳的保证金为 1 329×5×18 045×5%=5 995 451（元）。

如未来一年中棉花的基本面未出现影响其供求关系的根本性改变，建议兵团棉麻公司按照以上操作策略进行每季度的套期保值。如未来一年中由于各种原因出现了棉花基本面的重大改变，则建议兵团棉麻公司重新进行基本面分析，并对现有方案进行调整或建立新的套期保值方案。

（2）套期保值策略方案的预评估

我们可以通过对未来棉花期货和现货价格的变动方向和幅度进行假设，计算相应情景下按照该套期保值方案执行的效果，来对套期保值方案进行预评估。我们考虑三种情况——棉价无变动、棉价上涨、棉价下跌，再假设在每种情况下期货和现货的变动方向和幅度有一致或不一致的情况，那么在三大类七小类的情景下，我们测算兵团棉麻公司在期货和现货市场上的盈亏状况分别如何，从而来对本节的套期保值策略方案进行预评估。

首先，我们考虑一种特殊的情况，即在未来一年中，我国棉花期货和现货均未出现价格变动，或者变动幅度极小，可近似看作无变动。在此情况下公司的盈亏状况见表 4-36。

---

[1] 主要的依据是目前我国正处于经济新常态时期，产能过剩现象严重，出口竞争力逐渐减弱等。

表 4-36　　　期货和现货价格无明显变动情况下的公司盈亏表

棉花	现货市场	期货市场
2015年6月30日	买入现货12 000吨，价格为12 800元/吨	卖出期货合约1 329手，价格为12 760元/吨
2015年9月30日	价格为12 800元/吨	买入期货合约1 329手平仓，价格为12 760元/吨
跌幅	0	0
盈亏	0	0，承担手续费

在国内棉花期货价格和现货价格均未出现明显变动的情况下，公司在期货和现货市场上均无盈利和亏损，仅需承担当季度的期货交易手续费用，约合 21 264 元，全年需承担交易手续费用共计约 85 056 元。

然后，我们主要考虑棉花价格的变动方向符合预期，即价格下跌时，公司在期货和现货市场的损益情况，对公司套期保值策略方案进行预评估。

①假设棉花期货和坝货价格下跌幅度相同，均为 500 元/吨，则公司的盈亏情况见表 4-37。

表 4-37　　　期货和现货价格下跌幅度相同情况下公司的盈亏表

棉花	现货市场	期货市场
2015年6月30日	买入现货9 634吨，价格为12 800元/吨	卖出期货合约1 329手，价格为12 760元/吨
2015年9月30日	价格为12 300元/吨	买入期货合约1 329手平仓，价格为12 260元/吨
跌幅	500元/吨	500元/吨
盈亏	库存资产贬值9 634×0.05=481.7（万元）	盈利0.05×1 329×5=332.25（万元）

在国内棉花现货与期货价格均下跌 500 元/吨的情况下，公司该季度在期货市场上盈利 332.25-2.1=330.13（万元），可覆盖棉花库存 481.7 万元资产贬值的约 70%的损失。

②假设棉花期货价格下跌幅度大于棉花现货价格下跌幅度，分别为 500 元/吨和 300 元/吨。由于我国棉花期货价格和现货价格的相关度并

非 100%，且期货价格波动幅度往往大于现货价格波动幅度，因此期货价格下跌幅度大于现货价格下跌幅度的可能性较大。在期货价格比现货价格下跌幅度大的情况下公司的盈亏情况见表 4-38。

表 4-38　　期货价格比现货价格下跌幅度大的情况下公司的盈亏表

棉花	现货市场	期货市场
2015 年 6 月 30 日	买入现货 9 634 吨，价格为 12 800 元/吨	卖出期货合约 1 329 手，价格为 12 760 元/吨
2015 年 9 月 30 日	价格为 12 500 元/吨	买入期货合约 1 329 手平仓，价格为 12 260 元/吨
跌幅	300 元/吨	500 元/吨
盈亏	库存资产贬值 9 634×0.03=289.02（万元）	盈利 0.05×1 329×5=332.25（万元）

在国内棉花现货价格下跌 300 元/吨、期货价格下跌幅度为 500 元/吨的情况下，公司该季度在期货市场上盈利 332.25-2.1=330.13（万元），完全可以覆盖棉花库存 289.02 万元资产贬值的损失，且有盈利。

③假设棉花期货价格下跌幅度小于棉花现货价格下跌幅度，分别为 500 元/吨和 300 元/吨。在期货价格比现货价格下跌幅度小的情况下公司的盈亏情况见表 4-39。

表 4-39　　期货价格比现货价格下跌幅度小的情况下公司的盈亏表

棉花	现货市场	期货市场
2015 年 6 月 30 日	买入现货 9 634 吨，价格为 12 800 元/吨	卖出期货合约 1 329 手，价格为 12 760 元/吨
2015 年 9 月 30 日	价格为 12 300 元/吨	买入期货合约 1 329 手平仓，价格为 12 460 元/吨
跌幅	500 元/吨	300 元/吨
盈亏	库存资产贬值 9 634×0.05=481.7（万元）	盈利 0.03×1329×5=199.35（万元）

在国内棉花现货价格下跌 500 元/吨、期货价格下跌 300 元/吨的情况下，公司该季度在期货市场上盈利 199.35-2.1=197.25（万元），可以覆盖棉花库存 481.7 万元资产贬值的约 40%的损失。

通过以上三种情景假设，我们可以看到，在国内棉花价格如预期下跌的情况下，兵团棉麻公司通过在郑棉市场进行套期保值可以覆盖部分乃至全部损失。期货价格下跌幅度大于现货价格下跌幅度时，公司套期保值策略的损失覆盖能力较好；如果出现期货价格下跌幅度小于现货价格下跌幅度的情况，公司套期保值策略的损失覆盖能力降低。

最后，我们考虑到另外一种可能性，即棉花价格的变动方向与预期相悖，即棉花价格上涨。在这样的情况下，我们也对公司的盈亏状况进行预评估。同样，根据期现货价格变动幅度，我们考虑如下三种情况：

①假设棉花期货价格和现货价格上涨幅度相同，均为 500 元/吨，则公司的盈亏情况见表 4-40。

表 4-40　　期货价格和现货价格上涨幅度相同情况下公司的盈亏表

棉花	现货市场	期货市场
2015 年 6 月 30 日	买入现货 9 634 吨，价格为 12 800 元/吨	卖出期货合约 1 329 手，价格为 12 760 元/吨
2015 年 9 月 30 日	价格为 13 300 元/吨	买入期货合约 1 329 手平仓，价格为 13 260 元/吨
跌幅	500 元/吨	500 元/吨
盈亏	库存资产增值 9 634×0.05= 481.7（万元）	亏损 0.05×1 329×5=332.25（万元）

我们可以看到，在国内棉花现货价格与期货价格均上涨 500 元/吨的情况下，公司该季度在期货市场上亏损 332.25+2.1=334.35（万元）。但从另一个角度来看，公司于一个季度前库存的棉花资产增值达到 481.7 万元，如果公司不增加库存且不进行套期保值，将增加 481.7 万元的原材料成本。综合来看，在棉花期货价格和现货价格同幅度上涨的情况下，尽管公司在期货市场上会亏损，但这一亏损在现货市场上被库存资产的增值所冲抵，甚至库存资产的增值要高于期货市场的亏损。

②假设棉花期货价格的上涨幅度大于现货价格的上涨幅度，分别为 500 元/吨和 300 元/吨。由于我国棉花期货价格的波动幅度往往大于现货价格的波动幅度，在价格上涨的前提下，该种情形出现的可能性相对较大。此时公司的盈亏情况见表 4-41。

表 4-41 期货价格上涨幅度大于现货价格上涨幅度情况下公司的盈亏表

棉花	现货市场	期货市场
2015年6月30日	买入现货9 634吨，价格为12 800元/吨	卖出期货合约1 329手，价格为12 760元/吨
2015年9月30日	价格为13 100元/吨	买入期货合约1 329手平仓，价格为13 260元/吨
跌幅	300元/吨	500元/吨
盈亏	库存资产增值9 634×0.03=289.02（万元）	亏损0.05×1 329×5=332.25（万元）

在国内棉花现货价格与期货价格均出现上涨，且现货价格上涨300元/吨、期货价格上涨500元/吨的情况下，公司该季度在期货市场上亏损332.25+2.1=334.35（万元）。但从另一个角度来看，公司于一个季度前库存的棉花资产增值达到289.02万元，如果公司不增加库存且不进行套期保值，将增加289.02万元的原材料成本。综合来看，在棉花期货价格的上涨幅度大于现货价格的上涨幅度的情况下，尽管公司在期货市场上会亏损，但这一亏损在现货市场上被库存资产的增值所冲抵，盈亏基本处于持平状态。

③假设棉花期货价格上涨幅度小于现货价格上涨幅度，分别为300元/吨和500元/吨。公司的盈亏状况见表4-42。

表 4-42 期货价格上涨幅度小于现货价格上涨幅度情况下公司的盈亏表

棉花	现货市场	期货市场
2015年6月30日	买入现货9 634吨，价格为12 800元/吨	卖出期货合约1 329手，价格为12 760元/吨
2015年9月30日	价格为13 300元/吨	买入期货合约1 329手平仓，价格为13 060元/吨
跌幅	500元/吨	300元/吨
盈亏	库存资产增值9 634×0.05=481.7（万元）	亏损0.03×1 329×5=199.35（万元）

在国内棉花现货价格与期货价格均出现上涨，且现货价格上涨500元/吨、期货价格上涨300元/吨的情况下，公司该季度在期货市场上亏损199.35+2.1=201.45（万元）。从另一个角度来看，公司于一个季度前

库存的棉花资产增值达到 481.7 万元，如果公司不增加库存且不进行套期保值，将增加 481.7 万元的原材料成本。综合来看，在棉花期货价格上涨幅度大于现货价格上涨幅度的情况下，尽管公司在期货市场上会亏损，但这一亏损在现货市场上被库存资产的增值所冲抵，且期货市场上的亏损小于库存资产的增值。

以上三种情况是棉花市场价格走势与预期相反时，公司的损益情况。需要承认的是，在未来棉花价格上涨时，我们的套期保值策略将会导致公司在期货市场上亏损。但换一个角度来看，公司提前一个季度在较低价位购入的棉花库存也会使得公司的库存资产增值，从而抵消公司在期货市场上的损失，并且在现货价格上涨幅度大于期货价格上涨幅度时，公司在期货市场上的损失更容易被现货库存资产的增值所冲抵。

综合以上三种假设情景下的七种价格变动情况，我们可以看到，无论未来棉花价格的走向是无变动、下跌（符合预期）还是上涨（与预期相悖），预评估的结果均符合公司利益。在未来价格无明显变动的假设下，公司在期货和现货市场上均无盈利和亏损，仅需承担小额的期货交易手续费。在未来价格变动符合预期即下跌的假设下，公司通过在郑棉市场进行套期保值可以覆盖部分乃至全部损失。其中，期货价格下跌幅度大于现货价格下跌幅度时，公司套期保值策略的损失覆盖能力较强；期货价格下跌幅度小于现货价格下跌幅度时，公司套期保值策略的损失覆盖能力降低。在未来价格变动与预期相悖即上涨的假设下，我们的套期保值策略也会使得公司的库存资产增值，从而抵消公司在期货市场上的损失。

6. 棉价变动与预期不符的可能因素和应对方案

在棉花未来的价格变动与预期相悖即上涨的假设下，我们的套期保值策略将会导致公司在期货市场上形成损失，但公司提前一个季度在较低价位购入的棉花库存将增值，从而抵消公司在期货市场上的损失。现货价格的上涨幅度大于期货价格的上涨幅度时，公司在期货市场上的损失更容易被库存资产的增值所冲抵。面向兵团棉麻公司的需求，在当前的棉花基本面形势下，我们提出以下针对性的建议：

第一，建议兵团棉麻公司在郑州商品交易所执行逐季卖出 1 329 手

CF 期货合约的套期保值策略。

基于棉花价格下行的风险，建议兵团棉麻公司在未来一年中主要采取每季度滚动执行卖出 CF 期货合约的套期保值策略。

基于套期保值方向、品种一致、期货与现货相关度高三个指标，我们建议兵团棉麻公司在郑州商品交易所选用合约进行套期保值。

基于企业现金流的安全性考虑，我们将套期保值额度确定为兵团棉麻公司年总棉花需求量的 60%，并采取逐季滚动的方式进行套期保值操作，建议兵团棉麻公司每季度卖出 CF 期货合约 1 329 手。

第二，如市场变动与预期相悖，建议兵团棉麻公司根据具体情况采取相应的应对方式。

当国内棉花价格与我们的预期相悖即上涨时，我们应当根据实际情况采取不同的应对措施：

如果棉价上涨是由基本面彻底改变而引起的长期的趋势性的上涨，驱动棉价上涨的因素为全球和国内范围内经济的强势复苏、全球范围内棉花去库存化的实现等，棉花供求关系出现了根本性的转变，此时，如果能够保证公司的棉花现货交易能够在短时期内无障碍地完成，我们可以实行反向的操作，即提前买入期货合约进行套期保值，当公司需要使用棉花时再到现货市场上购买。但是，实行反向操作需要确定两点：基本面是否发生了根本性转变且上涨趋势是长期性的？公司不储备库存而是随用随买是否会给公司带来任何经营风险？只有在这两个问题都得以确定的情况下，才建议公司执行反向的操作策略；否则，应维持原策略不变，或仅在原有策略上进行适度调整。

如果上涨只是短期的，驱动棉价上涨的因素主要是棉花收储价格提升、经济弱势复苏、大宗商品概念炒作等，而棉花整体供求关系并未发生长期的根本性的转变，此时，建议公司仍然执行当前卖出期货合约的套期保值策略。

三、农业产业化发展中的下游主体（纺织企业）套期保值策略方案

与棉麻公司相比，纺织企业担心棉花价格上涨，成本上升，所以纺

织企业进行套期保值的策略如下：

纺织企业 3 个月后需要向棉麻公司购进一批棉花，如果现在直接买进，该企业需要囤积大量的棉花，库存成本非常高；如果现在不购进，纺织企业担心 3 个月后棉花的价格上涨，成本提高，因此纺织企业希望和棉麻公司签订一份远期合约，双方按照合约约定的价格到期时进行实物交割。棉麻公司担心未来棉花价格下降，它希望和纺织企业签订一份远期合约，3 个月后双方按照约定的价格进行交割。（不考虑货币时间价值和保证金的影响）

（1）假设 3 个月后，棉花的现货价格上涨，则纺织企业和棉麻公司的收益情况见表 4-43。

表 4-43　　现货价格上涨情况下纺织企业和棉麻公司的收益表

日期	空头/多头	现货价格	期货价格	交割价格	交割数量（手）	盈亏（元）
3个月前	空头方（棉麻公司）	13 000元/吨	12 950元/吨	13 100元/吨	0	0
	多头方（纺织企业）	13 150元/吨	13 350元/吨	13 100元/吨	0	0
3个月后	空头方（棉麻公司）	13 200元/吨	13 350元/吨	13 100元/吨	-1 329	-664 500
	多头方（纺织企业）	13 350元/吨	13 680元/吨	13 100元/吨	+1 329	+1 661 250

通过表 4-42 我们可以看到，3 个月后作为空头方的棉麻公司的棉花现货价格上升为 13 200 元/吨，双方按照签订的远期合约进行实物交割，棉麻公司卖出棉花，棉花的交割价格为 13 100 元/吨，此时棉麻公司总的损失为（13 200-13 100）×1 329×5=664 500（元）。作为多头方的纺织企业到期买进 1 329 手棉花，棉花的现货价格为 13 350 元/吨，纺织企业的收益为（133 50-13 100）×1 329×5=1 661 250（元）。纺织企业通过与棉麻公司签订远期合约有效规避风险，减少的损失为（13 150-13 100）×1 329×5=332 250（元），棉麻公司由于判断失误，最终承担了 664 500 元的损失。

（2）3 个月后，棉花的现货价格下降，则棉麻企业和纺织企业双方的收益情况见表 4-44。

表 4-44   现货价格下降情况下纺织企业和棉麻公司的收益表

日期	空头/多头	现货价格	期货价格	交割价格	交割数量（手）	盈亏（元）
3个月前	空头方（棉麻公司）	13 000元/吨	12 950元/吨	13 100元/吨	0	0
	多头方（纺织企业）	13 150元/吨	13 350元/吨	13 100元/吨	0	0
3个月后	空头方（棉麻公司）	12 850元/吨	12 800元/吨	13 100元/吨	-1 329	+1 661 250
	多头方（纺织企业）	13 050元/吨	13 280元/吨	13 100元/吨	+1 329	-664 500

通过表 4-43 我们可以看到，3 个月后作为空头方的棉麻公司卖出棉花的价格下跌为 12 850 元/吨，双方按照签订的远期合约进行实物交割，棉花的交割价格为 13 100 元/吨，此时棉麻公司总的收益为（13 100-12 850）×1 329×5=1 661 250（元）。作为多头方的纺织企业到期后买进 1 329 手的棉花，棉花的现货价格为 13 050 元/吨，纺织企业的损失为（13 100-13 050）×1 329×5=664 500（元）。棉麻公司通过与纺织企业签订远期合约有效地规避风险，减少的损失为 1 661 250 元，纺织企业由于判断失误，最终承担了 664 500 元的损失。

四、利用农产品期货市场推动农业产业化发展的联动过程

棉农、棉麻公司和纺织企业三者基本构成了农产品（棉花）的产业化系统。三者相辅相成，任何一方的利益遭到严重的损失，都会造成整个产业链的断裂。只有在最大限度地控制风险的前提下，提高棉农收入、企业利润，才会提高棉农种植棉花的积极性，保证棉花产品的供给。在国际棉花价格不断下降的背景下，棉麻公司如果不能规避价格下行风险，即使有国家财政补贴，也会考虑减少棉花收购量，这样会直接影响纺织企业的棉花供给。当然，纺织企业也会受到棉花价格变动的影响，降低生产的积极性，影响到必要公共产品的生产，进而影响到我国部分行业领域的安全问题。所以，研究如何规避作为兵团主要农作物的

棉花的产业链价格风险，具有重要的理论意义和实践意义。

期货市场具备以下作用：形成公正价格，对交易提供基准价格，提供经济的先行指标，回避价格波动带来的商业风险，降低流通费用，稳定产销关系，吸引投机资本，合理配置资源，达到锁定生产成本、稳定生产经营利润的目的。所以，棉农、棉麻公司和纺织企业可以参与农产品期货市场规避价格风险，具体的操作模式可以用图4-8表示。

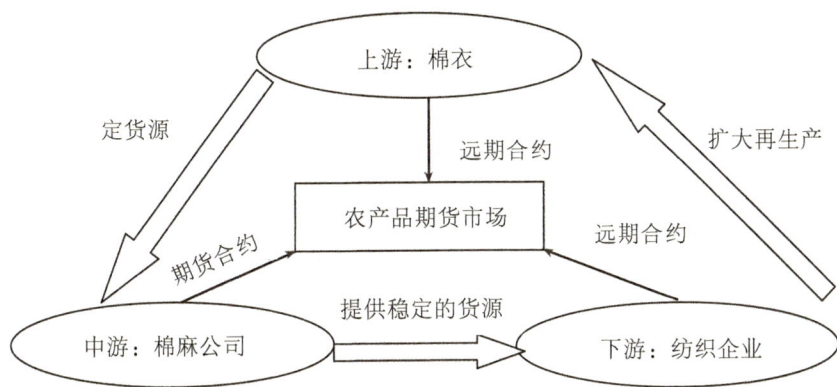

图 4-8　棉花供应链流程图

如图4-8所示，对棉农而言，由于国际棉价有下降的趋势，如果棉农不能利用金融工具规避价格风险，就会降低种植积极性，但是利用期货市场中的远期合约可以规避价格风险。一方面，受棉花产能过剩、价格下跌的影响，种植棉花的农户担心3个月后棉花的价格很可能会下降，因此为了规避棉花价格下行的风险，农户可以与棉麻公司签署3个月期的远期合约，约定3个月后双方按照合约的价格执行。另一方面，由于棉花的库存量较大，库存成本较高，棉麻公司希望和农户签订一份远期合约，约定3个月后双方按照远期合约的执行价格实物交割棉花。通过前文的计算结果可以看出，不管棉花价格是否下跌，棉农通过与棉麻公司签订远期合约，都可以合理地将价格风险降到最低。

对棉麻公司而言，考虑到如果在未来几年中出现全球"量化宽松"导致大宗商品价格上涨、国内收储价格提高支撑棉价走高、经济复苏引致下游需求转旺或种植面积缩减改变供需格局等原因导致棉花价格出现短期回升的情况，在这些因素占主导的季度，可以考虑根据基本面状况的改变而实行在当季短期买入的套期保值策略。前文根据模拟数据对兵团棉麻公司的套期保值策略情况进行了模拟计算，从计算结果可以看出，在期货和现货价格无明显变动、期货和现货价格下跌幅度相同、期货价格比现货价格下跌幅度大、期货价格比现货价格下跌幅度小、期货和现货价格上涨幅度相同、期货价格上涨幅度大于现货价格上涨幅度、期货价格上涨幅度小于现货价格上涨幅度等 7 种情况下，棉麻公司都可以将风险降到最低，使得现货市场和期货市场上的损失或收益相抵消。期货市场的套期保值功能帮助棉麻公司规避了价格风险，提升了棉麻公司的内在价值。

纺织企业担心棉花价格上涨，成本上升，因此纺织企业可以和棉麻公司签订一份远期合约，到期时双方按照合约约定的执行价格进行实物交割。棉麻公司担心未来棉花的价格下降，它希望和纺织企业签订一份远期合约，3 个月后，双方按照约定的价格进行交割。通过模拟数据运算，纺织企业也能将风险降到最低，从而在稳定货源的基础上稳定生产，保障生活必需品等加工产品的有效供给。

总之，利用农产品期货市场的套期保值功能，棉农和纺织企业可以通过与棉麻公司签订期货合约，合理地将风险降到最低；棉麻公司通过在期货市场签订相应的期货合约，也可以分散风险。所以，农产品期货市场在保障农业产业化各主体利益的前提下，使得农产品供应链更加顺畅，促进了农业产业化的发展。

第五章　农产品期货推动农业产业化
升级的经验借鉴

期货市场能很好地规避传统订单农业的风险，因此，有关农产品期货市场服务农业产业化的研究备受国内外学者的关注。他们的研究主要分为以下几个方面：

（一）关于订单农业违约风险的研究

Rusden（1996），Beckmann 和 Borger（2002），Vick（2002）等学者认为信息不完全、违约法律成本低等是阻碍订单农业发展的重要因素。国内学者关于违约风险成因的研究主要包括：在定性分析方面，主要从农户和企业实力的不平衡性（梅德平，2009）、契约的非完全性（李彬，2009）、农业发展的风险性（自然风险和市场价格波动风险等）（陈训波、孙春雷，2013）等视角进行研究；在定量分析方面，主要从价格波动（叶兴庆，2002）、交易成本（谈圣伊，2007）等角度分析，并指出这些风险都是由现货市场价格的波动性和不确定性造成的。

（二）关于期货市场促进农业产业化发展的研究

何蒲明等（2008）认为期货市场能够使农产品订单价格合理化，从而大大提高了合约履约率。乔立娟（2011），杨芳（2011）等解释了农业产业化进程中农户风险产生的原因，认为违约风险是我国订单农业面临的主要问题，用实证研究的方法表明"订单+期货"模式是目前解决我国订单农业违约风险的最佳选择。刘岩（2006）、郭科（2004）等认为利用期货市场能够规避价格风险，促使农业产业化向健康的方向发展。

农业产业化是一种全新的生产经营模式，发展时间不长，开始于我国由计划经济向市场经济转变的时期，发展至今才20多年的历史。它以市场为导向，以经济效益为中心，以龙头企业为主导，优化组合各种生产要素，形成了种养加工、产供销、贸工农、农工商、农科教一体化经营体系（张淑焕，2000）。它的实质是对传统农业进行技术改造，推动农业科技进步。

我国在农业产业化发展的过程中取得了一些进步：（1）农业产业化组织和龙头企业数量逐渐增多，农业生产规模不断扩大。（2）农产品产量稳定增长：截至2014年年末，我国农产品生产实现历史性的"十一连增"，市场供应充足。（3）农产品质量安全监管不断加强，质量水平不断提高。（4）农民收入持续较快增长，连续5年超过同期城镇居民收入增长速度。

但是，在增产增收的背景下，由于模式不健全等原因的影响，我国农业产业化的发展受到了一定的限制。以2011年的天业番茄酱厂订单农业违约事件为例：由于2010年农户种植番茄收入较高，到2011年，龙头企业动员农户扩大生产，然而由于信息不对称，农户对市场信息缺乏了解，最后番茄产量供大于求，造成价格下降，出现"谷贱伤农"现象。

订单农业模式作为我国农业产业化的主要模式之一，就目前来说，存在以下几点缺陷：第一，订单农业的参与者（农户、龙头企业等）信誉度不高，当市场行情向着不利于自己的方向发展时，为了实现自身利益最大化，他们可能会毁约而牺牲对方利益。第二，由于农户的文化程度不高，往往造成订单农业合同的形式、内容和程序缺乏科学性，容易留下法律漏洞。第三，龙头企业与农户的信息不对称，彼此监督的成本较高。第四，容易受外界风险的影响。例如自然条件，受自然环境的影响，农产品的产量具有不确定性，进而影响销售；经济风险，一旦经济形势出现危机，龙头企业可能会毁约，而农户自身力量单薄，无法与龙头企业抗衡，从而造成违约率较高。

订单农业的高违约率问题迫切需要一种适合农业发展、能够协调各方利益的全新的产业化模式来解决，本节通过对国内外几种主流模式进行总结提炼，选取以下模式进行比较分析：通过对国内外先进的农业产业化模式整理得知，目前比较普遍的模式主要有"龙头企业+农户"（"公司+农户"）模式、"农户+公司+农发行"模式、"农户+公司+期货公司"模式、"农户+公司+农发行+期货公司"模式等，这些模式都是由简单的订单农业模式演变而来的。订单农业模式即公司（龙头企业）在播种前与农民直接签署收购合同的模式。这种模式违约风险较大，逐渐被其他模式取代。下文将对比分析上述几种不同的模式。

一、"龙头企业＋农户"模式

农户分散的"小生产"和"大市场"联结不紧密的问题成为家庭联产承包责任制的一大缺陷，而"龙头企业+农户"的组织模式正是弥补这一缺陷的一种新型经营模式（杨慧、蔡文著，2013）。"龙头企业+农户"模式在我国出现于20世纪80年代，这种模式是围绕一种或者几种农副产品的生产、供给、销售三个环节，以实力雄厚的龙头企业为主导、以农户为参与者建立的一种契约关系。庄大昌、丁登山（2003）用龙头企业带动型的农业产业化模式研究了洞庭湖农业开发问题，他们认为，这种模式能够让农户与企业共享利益、共担风险。在这种模式下，农户与龙头企业通过合同契约、反租倒包、出资参股三种形式结合在一起。唐润芝（2011）分析了这三种农户与企业的联结形式，认为不同形式的利益实现程度不同，利益双方更加倾向于出资参股的合作形式。"龙头企业＋农户"模式的流程图如图5-1所示：农户从龙头企业那里获得订单，收成后将产品销售给龙头企业。

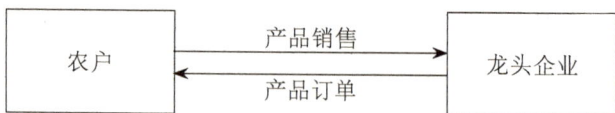

图 5-1　"龙头企业+农户"模式流程图

"龙头企业+农户"的模式有无可比拟的优点：（1）龙头企业搭建了农户与市场之间的桥梁，在推动农业生产现代化上发挥了巨大作用，同时也带动了当地经济及相关产业的发展；（2）龙头企业的深加工，不仅延长了农产品生产的产业链，也拓宽了农产品销往国内外市场的通道，增加了农户的收入；（3）龙头企业的先进生产技术，革新了农户传统的生产耕作理念，促进了生产力的解放，提高了农户的生产技术水平，为中国的农产品走向国际市场奠定了意识与技术基础。

但是这种模式也具有它固有的缺陷，在某些情况下，企业与农户不能维持双方的合作契约关系。（1）市场价格与契约价格相差较大时，容易发生违约。"龙头企业+农户"模式是通过一种不稳定的契约关系将农户与龙头企业结合在一起的，他们没有实现利益一体化，当市场价格与事前签订的契约价格不同的时候，农户与龙头企业在利益的驱使下就有毁约的倾向。（2）双方的信息不对称导致一方控制价格。龙头企业凭借自己的信息优势，既可以压低农产品的价格，也可以提高生产资料（如肥料、种子等）的价格，无论怎样农户都明显因受制于龙头企业而蒙受损失。（3）农户经济实力不强，缺乏信贷资金和抵押品，而且市场意识薄弱，严重阻碍了农业产业化的发展。

二、"农户+公司+农发行"模式

"龙头企业+农户"模式没有解决农民的资金问题，这就衍生出了"农户+公司+农发行"的模式。农业发展银行（简称农发行）的加入，成功地解决了农民在生产过程中遇到的资金问题。正如农发行的宗旨"服务三农"一样，农发行必须致力于中国农业的发展，解决农民在发展农业过程中遇到的资金困难等与金融有关的问题。吴一斌（2001）研究了农发行如何支持订单农业发展的问题，并提出了对策建议。贾万军、张玉智（2010）提出发展现代农业必须有来自农发行的金融支持。

从"农户+公司+农发行"模式的流程图（如图5-2所示）可以看出：农户与公司的关系和"龙头企业+农户"模式中的一样，仍然是通过产品订单和产品销售的形式联结起来。与"龙头企业+农户"模式不同的是，该模式出现了金融机构（农发行），一方面，农户能够从农发行贷款，获得农业生产必要的资金，另一方面，公司通过产品订单也能够从金融机构获取资金。

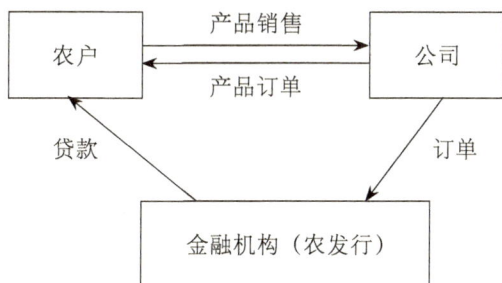

图5-2　"农户+公司+农发行"模式流程图

金融机构加入到"公司+农户"模式中，充当双方的润滑剂，这也是搞活农村金融必备的内容。相比于"公司+农户"模式，"农户+公司+农发行"模式具有以下优点：（1）为农户开展农业生产提供必要的资金，解决了过去农户贷款难的问题；（2）为企业的资金融通提供了更加宽广的渠道。

但是，当前农村金融存在的问题也是非常严峻的：（1）农村尚存的金融资产大量逃离农村，给农村的经济发展造成关键障碍；（2）促使金融机构支持"三农"政策的相关机制尚未健全；（3）农发行在促进农业发展方面存在"地域歧视"，对不同地区给予的重视程度不同；（4）存在机会主义行为——企业可能用信贷资金进行投机活动，不仅没有避免风险反而使风险扩大。

三、"农户+公司+期货公司"模式

"龙头企业+农户"模式的另外一个缺陷是：当市场价格变动较大，与农户和企业约定的价格相差较远时，违约的概率相应地增大。而期货市场具有套期保值的功能，能够有效地解决这一问题。"农户+公司+期货公司"模式是当前应用最为广泛的农业发展模式，国内众多学者对这一模式进行了深刻的探讨，并且得到了各级政府的重视与实践。刘旗、张继承（2009）以该模式为背景，分析了吉林四平的农业发展问题，认为农户要加强对期货市场的认识，提高合作化程度，保证期货订单的顺利履行。郭科（2004）认为应该充分发挥期货市场的功能，为农业发展保驾护航。

"农户+公司+期货公司"模式的流程图如图 5-3 所示：该模式以公司为中间组织（一般为龙头企业），通过产品订单与产品销售将公司与农户的利益捆绑起来，同时公司通过期货市场进行农产品的套期保值来规避农产品价格波动带来的风险，从而有效地提高订单的履约率。

图 5-3 "农户+公司+期货市场"模式流程图

"农户+公司+期货公司"模式将期货市场这一因素融入农产品的套期保值中，可以说是打破传统的"谷贱伤农"这一循环的必要方法。期货具有两大功能：发现价格和套期保值。只要众多的投资者加入进来，而且信息是完全流动的，不被少数人控制（比如"蒜你狠""姜你军"），农产品真正的市场价格就能够被发现。而套期保值主要有两类人参与：一类是农产品生产销售的主要负责人，比如农民、龙头企业；另一类是纯粹的投机者。而无论是农户、龙头企业还是投机者，他们的出发点都是收益，这就会驱使农产品期货市场会更加完善，更好地为农业产业化发展服务。

"农户+公司+期货公司"模式具有一般期货市场的优点：（1）企业能够在期货市场上套期保值，将风险转移给投机者，避免因市场价格变化造成的经济损失。（2）企业能及时从期货市场上获取市场信息，选择合适的时机入市；（3）农民能够提前了解农作物的价格预期，规避市场风险，增加收入。

与此同时，这一模式也存在缺陷：（1）农民和企业资金短缺的问题并没有得到解决，导致在期货市场上的套期保值失败；（2）农户观念保守，严重缺乏期货知识，不能有效利用期货市场的功能；（3）农户的农业生产规模与期货合约的要求有差距，农业产业化程度不高；（4）期货市场体制尚不健全，农产品期货种类不全。

四、"农户+公司+农发行+期货公司"模式

以上第二种和第三种模式综合起来就衍生出了更为完善的农业发展模式："农户+公司+农发行+期货公司"模式。将图 5-2 和图 5-3 的流程图综合起来就得到了图 5-4：在"农户+公司+农发行"模式的基础上增加了农产品期货市场，在"农户+公司+期货公司"模式的基础上增加了农发行。不难发现：期货市场的加入，规避了风险，降低了农户和企业的违约率；金融机构即农发行的加入，不仅能够为农业发展提供必备的资金，同时公司通过订单与期货合同也能够获得来自金融机构的资金支持，一方面有效地缓解了农户信贷难的问题，另一方面也在农户与公司之间搭建了信任的桥梁。

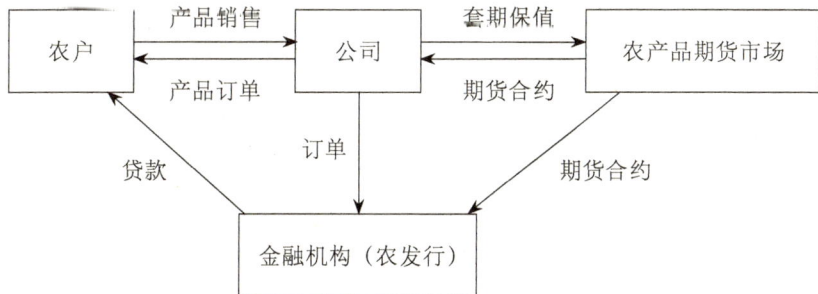

图 5-4 "农户+公司+农发行+期货公司"模式流程图

"农户+公司+农发行+期货公司"模式与"龙头企业+农户"模式相比，有两大优势：（1）引入期货市场，能够更加有效地规避风险、发现价格，同时也不是简单地将农产品的生产、销售等权力放在龙头企业手里，而是将农户与龙头企业的利益紧紧联系在一起。（2）引入金融机构（农发行），既可以为农户套期保值提供足够的资金，也可以让农户的生产、供给和销售有效地进行；既可以在农户与公司之间、公司与期货市场之间架起信任的桥梁，也可以使"农户+公司+农发行+期货公司"整个模式更加有效地运行。（3）农发行与期货公司合作，更好地监管和控

制了期货市场的风险。

同时，这种模式也不可避免地存在一些缺陷：（1）农户对期货市场的了解尚处于初级阶段，而公司对期货市场的了解相对较多，所以在某种情况下会形成"信息不对称"，公司能够掌握更多的信息，这可能会损害农户的利益；（2）金融机构（农发行）对农户的资金支持力度不大，保障公司订单和农产品期货市场期货合约的相关制度尚不完善，需要进一步整合与完善；（3）农户、公司、农产品期货市场、农发行之间在业务方面可能会出现这样那样的矛盾，但是当前解决这种矛盾的机制是不完备的，可能会影响这种模式优势的发挥。

五、四种模式的比较分析

"龙头企业＋农户"模式在一定程度上促进了农业产业化，农户为龙头企业提供农产品，龙头企业为农户提供资金与技术支持，形成了一种良性互动，但是由于市场价格的不确定性和信息的不对称性等因素的存在，双方违约的概率较大。

"农户+公司+农发行"模式引入了金融机构（农发行），在一定程度上缓解了农户资金不足的问题，但是由于机制不完善，农发行对农户提供的贷款有限，农户不还贷的现象时有发生。

"农户+公司+期货公司"模式在原有模式的基础上运用金融工具（期货）的套期保值作用，在一定程度上降低了违约风险，但是由于市场不完善、金融产品未标准化等制约因素，该种模式的运用范围很有限。

"农户+公司+农发行+期货公司"模式是对"农户+公司+农发行"模式和"农户+公司+期货公司"模式的综合，既缓解了农户资金不足的问题，又规避了风险。

通过对比不同的模式，不难发现，运用金融工具能有效地克服传统订单农业存在的缺陷，农产品期货参与农业产业化模式与传统的订单农业模式相比有以下四个方面的优点：（1）可以有效地转移订单农业的价格风险。首先，期货市场的价格发现功能可以有效地指导订单农业的合同价格；其次，期货市场中有大量的投机者，通过农产品期货能有效地将风险转移到投机者身上；最后，期货市场的保证金制度能在一定程度上降低违约风险。（2）快速扩大订单农业的数量和规模。农产品期货打消了农户的两大顾虑——销路和价格。利用农产品期货，农户在种植前可以知道产品的销路并且能获得无风险的价格，所以这种模式能很好地引导农户的种植决策，扩大订单农业的规模。（3）提高农民的收入。农产品期货的套期保值功能使得收割价不会低于合约价，市场行情好时，农户反而可以获得额外收入，这样就增加了农民的收入。（4）有利于增强农产品现货的国际竞争力。期货合约是标准合约，有着严格的交割标准，这使得农户必须通过使用优良种子、提高管理技能等手段来确保产品按标准交割，这在无形之中提高了农产品的质量，进而提高我国农产品现货在国际市场上的竞争力。

六、小结

我国农产品期货的发展历史较短，必然存在或多或少的不足之处：（1）农户知识水平较低，对农产品期货的认知度不高。根据最新的教育统计数据，我国农民的受教育程度较低，初中水平以下的占75%，大专及以上的占不到1%[①]。（2）农村合作经济组织较少，大宗商品交易较少。期货交易要求缴纳保证金，并且交易数量一般较大、交易费用较高，所以造成农户进行交易的成本较高，成立农村合作经济组织就变得尤为重要，但是我国农村经济合作组织数量相对较少，力量相对薄弱。（3）农村信息传导机制不发达。农村网络覆盖率相对较低，容易造成农业信息传达不及时问题。（4）市场机制不健全，政策限制较多。我国目前农产品期货交易品种只有13种，发达国家早已达到200多种，这在一定程度上限制了期货市场的发展。同时，我国的证券监管部门对期货市场监管较严，一方面是由于我国期货市场管理经验不足，另一方面是由于我国有关期货市场的法律法规不

---

① 数据来源于教育部网站（http://www.moe.edu.cn/publicfiles/business/htmlfiles/moe/s8492/list.html）公布的统计数据。

成熟。

　　通过对不同模式进行对比，不难发现期货市场服务农业能够有效地规避市场风险，使得各方利润最大化，从而促进农业产业化的发展。但是，由于我国期货市场起步较晚，体制机制不健全，所以我国利用农产品期货市场促进农业产业化的步伐还需不断加快。

第六章　利用农产品期货市场促进兵团农业产业化发展的可行措施

　　期货市场具有套期保值和价格发现的功能，对农业生产具有一定的引导作用，也有助于降低农业生产的风险，从而促进农业产业化的发展升级。兵团这样一个大型农业经济体，只有走农业产业化、现代化的道路才能保证农业的发展，促进经济的发展。此时，就需要利用好期货市场来促进兵团农业产业化的发展。然而，兵团在利用期货市场促进农业产业化发展的过程中存在很多问题，如市场信息化程度较低、农业产业化相关主体对期货市场的认知度不高、期货专业人才匮乏等。这些问题的存在十分不利于农产品期货市场发挥作用，迫切需要处理和改善。首先，兵团期货市场需要不断进行完善，为农业产业化发展营造一个良好的期货外部环境。其次，兵团自身需要积极地引导农户通过间接的方式更好地参与到期货市场中去，形成农业产业化发展的有机整体。再次，兵团还应加大对农业产业化发展的金融支持力度，在倡导发展期货市场服务农业生产的同时也不断加大对其他金融资源的利用程度。此外，兵团还需加强对农业产业化经营主体的教育与培训，提高这些经营主体利用期货市场的能力。最后，兵团可以积极申请设立农产品期货交易市场新疆分中心，实现本地期货市场服务本地农业发展的良好局面。

一、完善农产品期货市场

现阶段，我国农产品期货市场的大环境不是很好，在这样的背景下，兵团农产品期货市场存在期货品种单一、期货交易结构不合理、交易主体失衡、市场监管不到位、相关法律缺失、信息传递不对称等问题，制约着兵团期货市场的发展，阻碍着兵团农业现代化发展的进程。农产品期货市场在这样的发展情况下，很难发挥出其降低农业生产风险、引导农民生产，进而推动农业产业化发展的作用。因此，兵团要想发挥出农产品期货对农业产业化发展的作用首先要完善农产品期货市场，对农产品期货交易所进行严格的监督管理，保证期货市场的稳定运行。

1. 丰富农产品期货品种

完善农产品期货市场，首先要对农产品期货产品进行创新，开发出更多更好的农产品期货品种。农产品期货市场对农业产业化发展最大的贡献在于农业经营主体能够通过购买期货产品进行套期保值从而规避自身的风险。在投资中，多种产品组合的风险总是小于单一产品风险的总和。但是，在现实中，农产品期货市场上期货品种较少，农户或涉农企业进入期货市场进行套期保值时，对于品种的选择较少，基差风险增大，从而达不到规避风险的目的（孔旭成，2012）。并且，农产品期货品种单一，使得投资主体很容易都选择同一产品进行投资，造成这种农产品期货需求剧增，进而引发其价格的剧烈波动，反而可能会加大投资主体的风险。现阶段，我国只有三家商品期货交易所，其中只有大连、郑州两个商品交易所主要从事农产品期货交易，兵团并没有属于自己的期货市场，这使得兵团没有权利在期货市场推出新的产品。兵团可以根据地区农业产业化发展的需要，积极向大连、郑州两个农产品期货交易市场申请、建议推出相应的期货品种，帮助兵团农业产业化经营主体通过选择更适宜的期货产品获益。大连、郑州的商品交易所自身也应不断进行创新，开发出更多的期货品种以供需求者合理配置，规避风险。

2.调整农产品期货交易结构

辜胜阻（2007）发现，从长期来看，在中国农产品期货市场上，那些需求量较小、种植量有限的小品种如菜籽油等的交易反而更活跃。这种农产品期货的交易结构会使得那些本身供给量很少的农产品，需求量却很多，长期严重的供需不平衡最终会导致期货市场的失衡，不利于期货市场的长远发展。期货市场需求的畸形，也会使得期货价格与现货价格发生背离，不能发挥出期货市场价格发现的功能。基于此，兵团农产品期货市场需要不断调整其交易结构。首先，期货交易机构可以通过推广被投资者冷落的期货品种，增强这些产品的影响力。其次，期货交易机构可以通过发放礼品等方式吸引投资者购买某种期货产品，使期货市场的交易结构合理化。

3.平衡农产品期货交易主体

农产品期货市场对投资者有着严格的限制，投资者只有拥有足够的资金才能够进入期货市场进行直接交易，像农民、涉农小企业这种资金少、权力小的期货需求者很难进入期货市场，享受期货市场带来的好处。农产品期货市场的这种准入限制导致期货交易主体多以大型企业、合作组织、农业生产大户为主，不平衡的交易主体结构会造成期货交易垄断的局面，大企业、组织机构可能会出于自身利益，通过大量购入或卖出期货的方式，使期货价格向有利于他们的方向变动，不利于期货市场的稳定，给农业产业化经营主体中弱势的农民群体造成巨大的损害。大型企业垄断期货市场的结构还会造成期货市场的僵化，降低市场活跃度，最终会使农产品期货交易机构失去市场竞争力。兵团应该引导期货市场适当降低市场准入门槛，允许一些条件相对较好的农户、小企业进入农产品期货市场进行套期保值，在促进农民获益的同时，也可以抑制大企业对期货市场的控制，活跃期货市场的氛围，使农产品期货交易在期货市场中一直保持良好的竞争状态。

4.加强农产品期货市场监管，制定相关的法律

良好的制度是一切经济活动开展的前提，兵团要想进一步完善期货市场，就需要加强对期货市场的监管，制定相关的法律法规来保证期货市场的稳定运营。首先，兵团应严厉打击农产品期货市场上的投机行

为，对造成重大负面影响的投机主体予以严厉处罚。一些大企业依靠自身的优势获取内部信息，进而大量购入或卖出期货产品牟取丰厚的利润。这种行为十分不利于期货市场的稳定，兵团需要对其进行严厉的处罚，必要的时候还可以采用行政手段抑制这种行为的发生。其次，兵团及相关部门应制订期货市场风险预警方案，在出现巨大事故之前及时地启动方案，从而将损失降到最低。现阶段，期货交易机构大多数都采用事后预警方案，等到危机真正降临时才进行相应的处理，但是事故已经发生，经济损失也已经造成。兵团、期货交易机构应该制订风险预警方案，防止期货市场的巨大变动。最后，兵团还应尽快制定期货市场法律法规，用法律手段来规范期货市场、规范期货交易主体的行为。兵团可以制定"农产品期货市场管理办法"等法律规定来保证期货交易活动的有序开展。

5.保证期货信息的流通

农业生产经营的风险在很大程度上是由信息不对称造成的，严重的信息不对称使得农民这样的弱势群体对市场需求不了解，导致农产品过剩或不足，给农户带来巨大的损失。并且，当市场价格与农业订单价格严重偏离时，农民和企业就会撕毁合约，不利于农业产业化发展。所以，兵团应确保农产品期货市场信息透明、公开，尽最大可能为农业产业化交易主体提供信息服务。任瑜（2008）研究发现，我国期货市场的信息传递效率不高，需要对期货市场信息披露制度进行完善，可以通过增强交易前透明度（即要求大型期货交易者事先公告其买卖数量，表明其动机）、减少交易后透明度（将大宗交易成交信息披露期限适当延长）的方式来保证农产品期货市场信息的及时流通。兵团可以借鉴这一意见，以此提高农产品期货市场的信息透明度，形成公平、公正、公开的期货市场环境。

二、引导农户间接参与期货市场

除完善期货市场这一期货交易的大环境外，兵团还可以引导团场农户通过间接的方式积极地参与到期货市场中，也就是引导农民通过与龙头企业、农业合作经济组织签订合约的方式，依靠它们的力量间接地进入期货市场。龙头企业、农业合作经济组织就相当于农户与农产品期货市场间的桥梁，不仅起到沟通交流的作用，更是保障农产品期货市场提供的服务能够落实与生效的关键（李海远，2010）。目前，期货市场对期货交易主体的要求与限制，使大量农户不能进入农产品期货市场，因而需要政府积极引导农户间接参与期货市场，加强农业产业化经营主体之间的联系，提高期货市场的活跃度，最大限度地发挥出期货市场对农业产业化发展的促进作用。

1. 利用龙头企业参与期货交易

农民由于资金少、力量小、文化程度低，不能直接进入农产品期货市场，或者即使能够进入，也处于弱势地位，也就不能从期货市场中获得收益。兵团农户同样面临着这样的问题。要想解决这种问题，他们可以通过与企业签订合同的方式，间接地进入期货市场，享受期货市场带来的间接收益。然而，企业出于自身利益考虑，可能扭曲合约内容或者直接违约，将属于合作农户的那部分收益据为己有。对此，首先，兵团在倡导农户通过与企业合作间接参与农产品期货交易的过程中，要制定相关的法律规定，对违规企业给予处罚，保护农民的权益。其次，农民自身要增强自我保护的意识，选取一些声誉好的企业进行合作，在权益受到侵害时，运用法律的武器来保护自己。最后，涉农企业自身应诚实守信，不侵害合作农户的利益，只有这样才能实现长久发展，形成良好的社会影响力。

2. 加大农业合作经济组织的建设力度

兵团在发展农业龙头企业的同时，还要加强对农业合作经济组织的建设。董珊（2011）指出，在农民间接参与农产品期货市场的过程中，企业出于自身利益考虑很容易做出损害农户利益的行为，"公司+农户"的模式很难长期存在，而若采用"农户+农业合作经济组织"的模式就可以在一定程度缓解这一问题。农业合作经济组织在农业产业化发展的过程中就相当于农户的自助合作社，应广大农户利益需求而生，为农业生产经营提供各项服务。它的这一性质决定了其在代表农户参与期货交易的过程中会始终为农户利益考虑，切实保护农户的合法权益。所以，兵团在推进农业产业化发展的过程中，应重视对农业合作经济组织的建设，形成"农户+合作组织"的农业产业化发展模式，促使农户通过农业合作经济组织更好地参与期货交易活动，享受期货市场带来的福利。

在倡导农户通过农业合作经济组织参与农产品期货交易的过程中，兵团首先需要逐步转变团场农户对农业合作经济组织的态度。目前，兵团大量的农户还没有意识到农业合作经济组织对农业生产的巨大作用，因而也就不会选择加入农业合作经济组织，不支持农业合作经济组织的工作。兵团可以加大对农业合作经济组织的宣传，利用财政资金支持农业合作经济组织为农户服务，使农户真正感受到农业合作经济组织能够给他们带来好处。长此以往，农户就会自愿地成立农业合作经济组织，愿意让农业合作经济组织代表他们间接地从事期货交易活动。其次，各师、团场需要建立更多的农业合作经济组织，促使农户们抱团经营，满足农户对合作组织的需要，更好地抵御市场风险。在增加农业合作经济组织数量的同时，兵团各级还应支持发展相对较好的农业合作经济组织做大做强，实现规模经济。近些年来，兵团农业合作经济组织的数量不断上升，但大多数都刚成立，规模较小，影响力不强，对农户的吸引力较弱，在市场竞争中也处于不利地位。所以，兵团应该选择一些具有发展潜力的农业合作经济组织，通过拨款或其他优惠政策支持它们发展壮大，形成规模效应。大规模农业合作经济组织在代表农民间接参与期货交易活动时更具竞争力，其规模的扩大也有利于吸收各类专业性人才，例如期货交易人才，从而更好地在期货交易中获益，提高农民的收益。最后，兵团农业合作经济组织自身需要提高为农民服务的意识，严格依法办事，实行社务公开，让社员都能参与到农业合作经济组织的发展中来，成为农业合作经济组织的主人，促使农户与农业合作经济组织更加紧密地结合在一起。

三、加大金融支持的力度

期货市场作为金融市场的一部分，对农业产业化有着巨大的推动作用。然而期货市场存在着准入限制和交易风险，单纯对农产品期货进行投资不能有效地发挥出期货市场对农业产业化发展的作用。兵团在发展农产品期货市场的过程中还需配套使用其他种类的金融资源，加大金融对农业发展的支持力度，推动兵团农业产业化的发展与升级。

1. 加大信贷支持力度

在加大金融支持力度，配合农产品期货市场经营的过程中，兵团首先需要加大对期货交易投资主体的信贷支持力度。农产品期货交易大多具有一定的规模，是大额交易，这就要求进入期货市场的交易者必须拥有足够的资金，而农民、涉农企业资金少、规模小，很难进入期货市场进行交易，享受农产品期货市场给他们带来的福利。并且，在当前我国的农超模式中，结账方式并不是货到马上付款，买方要过一段时间后才付清余额，这就使得涉农企业没有资金再进货，从而不得不终止对超市供货，最终造成农户与涉农企业与超市之间链条断裂（孔旭成，2012）。这种期货市场对投资主体的限制，以及延期付款的农超模式损害了农业产业化经营中弱势群体的利益，割裂了农民、企业、供应链之间的联系，不利于农业产业化发展。然而，农民不能进入期货市场、涉农企业终止供货，归根结底，是因为他们缺乏资金。所以，兵团要想利用期货市场推动农业产业化发展，首先就需要加大对农户、涉农企业的信贷支持力度。

目前，兵团农业信贷机构以农业银行、农信社为主，银行机构贷款的目的就是获取利息收入，为了保证贷款能够收回，它们对借款者制定了一系列的政策限制。而农民、涉农小企业在农业发展中具有脆弱性，恰好处于受限制的行列，借款较难。此时，就需要对农业信贷进行调控。第一，兵团可以通过宣传、教育、劝导的方式，引导一些具有社会责任感的银行机构适当降低贷款门槛，加大对农业信贷支持的力度。第二，兵团可以通过对那些为农民、涉农企业提供贷款或者给予贷款优惠的银行机构进行财政补贴，提高银行提供信贷的积极性，扩大农业信贷的覆盖面。最后，兵团还可以大力引进农业政策性银行，利用政策性银行的资金便利为农民、小企业提供贷款。通过这些措施，农户、涉农小企业向银行贷款变得相对容易，他们获得足够的资金后，就可以进入期货市场进行农产品期货投资或套期保值，从期货市场中获得收益；农业产业化经营主体中的企业也就有资金进行持续性经营，保证农业产业链的完整，促进兵团农业产业化发展。

2. 加大对保险的利用

农业生产中存在着很多风险，如自然灾害风险、人为炒作风险等，农户和涉农企业参与到农产品期货市场的主要目的在于利用期货套期保值的功能规避风险。然而，期货市场也是存在很大风险的市场，农户、企业想要单纯地通过期货市场来保障其收益不受侵害，难度较大。所以，农民、企业在进行农产品期货交易的同时，还应该适当增加对农业保险的利用。

单独从保险业来看，兵团农业保险发展较为落后，农业保险机构数量少，规模小，经验不足，业务水平低，并且，农民本身保险意识淡薄，不愿意交付农业保险费。对此，首先，团场农户、涉农企业需要转变原有的观念，愿意利用期货、保险等金融工具来维护自身利益。如何转变思想？兵团、期货公司、保险公司等可以通过加大对农民的培训，逐步培养他们防范风险的能力与意识。其次，兵团也要意识到农业保险在农业生产过程中的重要作用，增加保险公司的数量，扩大农业保险机构的规模。再次，农业保险公司需不断推出农业保险新产品，适应兵团农业发展的实际需要。最后，兵团农业保险机构应加强管理、引进人才，提高其保险业务的实践能力，增强市场竞争力。

把农业保险和期货市场结合起来研究，可以发现"期货基金+农业保险"的模式能使农业生产主体更好地了解市场信息，规避风险。期货投资者在进行期货投资的同时，购买相应的保险，通过期货市场观察农产品价格变化的趋势，合理安排农业生产经营活动；通过保险市场来防范期货市场可能出现的危机，有效地分散风险、获得收益。

总之，兵团需要重视农业保险的发展。一方面，兵团农业生产需要农业保险的保护，离开农业保险，农业产业化的金融支持就不能形成一个完整的体系，发挥不出金融支持的作用。农业风险得不到分散，就会挫伤团场农户的生产积极性，也就不能保证涉农企业的货源，不利于农业产业化经营。另一方面，农业保险的兴起也有助于农业期货市场的进一步发展，通过为期货投资者提供相应的保险业务，规避期货交易可能存在的风险，形成期货市场、保险市场双赢的局面。

3. 完善信用担保机制，建立农业产业化投资基金

除提高信贷支持力度、加大对保险产品的利用外，兵团金融市场还需不断完善信用担保机制，建立农业产业化投资基金。兵团团场农户、涉农企业借款难，一部分原因是兵团信用担保体系不健全。兵团需要完善其信用担保机制，为农民、企业提供切实的担保，方便他们向银行贷款。在完善信用担保机制的同时，创新发展再担保业务，最大限度地满足市场的需要。此外，兵团还可以建立农业产业化投资基金，把城乡闲散的资金汇集起来，投向农业产业化的经营（许月、张巍巍，2012）。通过这些措施，加大对农业产业化的金融支持力度，推动兵团农业产业化的进程。

四、加强对农业产业化经营主体的教育与培训

现阶段，兵团农业产业化交易主体对农产品期货知识的认知度远远不够。农民缺乏期货知识，企业、农业合作经济组织缺乏期货投资专业人才，期货市场缺乏期货市场技术性工作人员，这些都使得他们不能有效地利用期货市场，实现收益最大化。兵团、期货交易所应对这些主体展开有针对性的教育与培训，优化他们对期货市场的认知与利用。

1. 对农户进行期货基础知识宣传教育

就农户而言，他们大多数受教育水平低，规避风险的意识不强，这就使得他们不了解期货市场。据不完全统计，超过90%的农民不知道农产品期货交易市场是什么、干什么，即使知道期货市场的人对期货知识的了解也只是皮毛，根本不能通过观察期货价格的波动理性地安排他们的农业生产。基于此，兵团、期货交易所应加大对农户期货基础知识的培训，使其能够根据期货价格的变化做出正确的生产判断。

兵团屯垦戍边的使命使团场农户在兵团具有非同一般的地位，兵团应高度重视对农民的培养教育，通过期货知识下基层等活动，对农民进行免费的期货知识培训，不断加大对期货知识的宣传力度，提高期货知识普及率。兵团期货交易所可以仿效大连商品交易所，对农民进行免费的期货知识培训，邀请专业人士现身说法，运用大量实际案例授课，并组织农民参观交易所、交割所，想方设法让农民增长见识，使期货知识

易学易懂（刘岩，2006）。但是，农民一般防范心理重，很难接受一些新兴事物。现阶段，期货对于大部分中国农民来说都是一个完全陌生的东西，他们害怕上当，拒绝接受农产品期货交易。对农民进行期货知识的培训和教育，效果可能并不明显，结果可能也只是多了一些人知道有期货市场的存在罢了。基于这一现实，兵团在对团场农户进行期货知识宣传的过程中，不能只停留在说教的阶段，而应该让他们真正亲眼看到期货交易能够使他们自身获益。兵团、期货交易所在对农户进行期货基础知识培训的过程中可以一边进行集中书面培训，一边向他们展示真正的期货交易，比如发动一些比较积极的农户学员尝试小额、短期的期货交易，等到交易期满，第一个吃螃蟹的人真正获益，他就会成为宣传农产品期货交易的最佳范例。并且，这一尝试的过程也向农户演示了期货交易的程序，可谓一举两得。

2. 企业、农业合作经济组织培养专职期货交易人员

除了对农户进行期货知识的培训外，企业、农业合作经济组织还应培养专门的期货交易人员，在利用期货市场规避风险或投资的过程中，将损失降到最小，使利润达到最大。

期货作为一种金融衍生工具，同样是收益与风险并存的，如何有效规避风险从而达到收益最大化是期货交易中首先需要解决的问题。期货交易人员具有丰富的期货交易经验，能够通过对期货产品的合理组合将风险降到最低，这就决定了企业对期货专业人员的需求。此外，农产品期货交易本身是一门技术活，一般的交易人员很难完全掌握其运行的规则，企业这样的大型组织缺乏专业人员必定会给企业带来损失。期货交易人员在为企业、农户出谋划策的过程中发挥的最重要的作用是向他们传达当期期货市场的基本情况和可能的发展趋势，从而缓解期货交易中普遍存在的信息不对称问题，并协助他们做出最优决策，成功规避风险，获得最大利益。所以，兵团涉农企业、农业合作经济组织需要培养专业的期货交易人员。首先，企业、农业合作经济组织自身要意识到专业的期货交易人员的重要性。只有意识到其重要性，相关企业部门才会愿意付出时间、金钱吸引人才、培育人才。至于对期货专业人员的培训，企业、农业合作经济组织可以通过免费培训、奖励等方式，调动相

关员工参与培训的积极性。然后，对参与培训的人进行考核，保证培训的效果，对考核成绩优异的员工给予奖励。企业、农业合作经济组织还可以通过引进期货交易专业人才的方式，对企业的老员工进行身体力行的教育。

3.期货市场培养专业期货从业人员

期货市场培养专业期货从业人员，能保证期货市场合理有效运营，开发出更多更好的期货产品。

现阶段，我国期货市场经营存在问题，期货产品种类较少，这与期货市场上缺乏专业期货从业人员有关。兵团期货交易市场中的工作人员，受教育水平参差不齐，不能很好地推动期货市场的进一步发展。这就需要期货交易所对其从业人员进行专门的培训。首先，兵团农产品期货交易市场要严格规范从业人员上岗，要求期货从业人员必须具有期货从业资格。兵团、监察部门也要对期货市场从业人员的资历进行审查，保证期货从业人员都是具有一定期货知识和能力的。其次，期货交易所需要对其从业人员不断进行再教育，丰富他们的知识，开发出新的农产品期货品种。最后，期货交易所也可以通过引进人才的方式，保证期货市场从业人员的质量，进而提高期货交易的效率。

五、设立农产品期货交易市场新疆分中心

前文已提到兵团目前没有属于自己的期货交易中心，这使得兵团不能很好地监督管理期货市场。兵团可以仿照大连、郑州商品交易所，建立农产品期货交易市场新疆分中心。

新疆位于我国西北边陲，地域辽阔，具备得天独厚的农业优势，兵团更是肩负着"屯垦戍边"的使命，这些因素都决定了农业在新疆、兵团的经济发展中占据重要的地位。现实也是如此，新疆的棉花、葡萄、哈密瓜、红枣等农产品远销海外，享有盛名。但是农业生产是一个具有高风险的产业，极易受自然条件的约束，于是利用期货市场交易规避风险就显得尤为重要。然而由于各方面的局限性，新疆地区的期货交易并没有形成其应有的规模，这和新疆一直没有建立农产品期货交易中心不无关系。现阶段，新疆地区的期货交易缺乏针对性，缺少主心骨，很难

取得长足发展，建立农产品期货交易市场新疆分中心迫在眉睫。

新疆目前的农业生产规模庞大，完全可以申请建立农产品期货交易市场新疆分中心。如同大连商品交易所对东北地区的农业发展有着巨大的促进作用一样，新疆建立农产品期货交易市场分中心，也会产生深刻的经济效应。首先，建立农产品期货交易市场新疆分中心，可以方便新疆、兵团对期货市场进行监管与引导，使其更好地为新疆的农业生产服务。其次，建立农产品期货交易市场新疆分中心，还可以发挥出大型期货市场的规模经济效应，降低农产品期货交易的成本，提高交易的效率。再次，建立农产品期货交易市场新疆分中心，可以专注于新疆特色，为新疆农业产业化发展提供针对性服务。最后，新疆是连接东亚与中亚的枢纽，在此成立期货交易市场分中心，可以增强中国农产品期货市场的国际影响力，形成良好的辐射作用，加强农业发展的国际交流与合作。

新疆在推动建立农产品期货交易市场分中心的过程中，首先需要完善期货市场基础设施建设，为分中心的建立奠定良好的基础。其次，新疆政府应积极申报，增加建立分中心的可能性。最重要的是，新疆要积极发展农业产业，当对建立农产品期货交易市场新疆分中心的需求越来越迫切时，国家就会重视这一问题，推动其建立的进程。

建立农产品期货交易市场新疆分中心，必定会促进新疆、兵团农业更好地发展，稳定农产品交易市场，使农民增收、企业获益，促进农业产业化发展更上一个台阶。

参考文献

[1]   BAILLIE R T, MYERS R J. Bivariate GARCH estimation of the optimal commodity future hedge [J]. Journal of Applied Econometrics, 1991, 6 (2): 109-124.

[2]   BECKMANN, BOGER. Courts and contract enforcement in transition agriculture: Theory and evidence from Poland [J]. Agricultural Economics, 2004, 31 (2-3): 251-263.

[3]   BOLLESLEV, TIM, DOMOWITZ. Trading patterns and prices in the interbank foreign exchange market [J]. The Journal of Finance, 1993, 48 (4): 1421-1443.

[4]   COX C C. Futures trading and market information [J]. Journal of Political Economics, 1976, 84 (6): 1215-1237.

[5]   HENNESSY D A. Information asymmetry as a reason for food industry vertical integration [J]. American Journal of Agricultural Economics, 1996, 78 (4): 1034-1043.

[6]   RUNSTEN D. Contract farming in developing countries: Theoretical aspects and analysis of some Mexican cases [EB/OL]. [2017-02-21]. http://dspace.africaportal.org/jspui/bitstream/123456789/363/1/Contract%20Farming%20in%20Developing%20Countries%20Theoretical%20Issues%20and%20Analysis%

20of%20Some%20Mexican%20Cases.pdf?1.

[7]   EDERINGTON L. The hedging performance of the new futures markets [J]. The Journal of Finance, 1979, 34 (1): 157-170.

[8]   ENGLE R F, GRANGER C W J .Co-integration and error correction: Representation, estimation, and testing [J]. Econometrica, 1987, 55 (2): 251-276.

[9]   FAMA E F. The behavior of stock market prices [J]. Journal of Business, 1965, 38 (1): 34-105.

[10]   FAULKENDER M. Hedging or market timing?Selecting the interest rate exposure of corporate debt [J]. The Journal of Finance, 2005, 60 (2): 931-962.

[11]   FORTENBERY T R, ZAPATA H O. An evaluation of price linkages between futures and cash markets for cheddar cheese [J]. The Journal of Futures Markets, 1997, 17 (3): 279-301.

[12]   GHOSH A. Hedging with stock index futures: Estimation and forecasting with error correction model [J]. The Journal of Futures Markets, 1993, 13 (7): 743-752.

[13]   KEVIN A, BARTRAM S M. Corporate hedging and shareholder value [J]. Journal of Financial Research, 2009, 33 (4): 317-371.

[14]   JOHNSON L L. The theory of hedging and speculation in commodity futures [M]. London: Palgrave Macmillan, 1976.

[15]   LIEN D, TSE Y K. Hedging downside risk: Futures vs. options [J]. International Review of Economics and Finance, 2001, 10 (2): 159-169.

[16]   JIN Y, JORION P. Firm value and hedging: Evidence from U.S. oil and gas producers [J]. Journal of Finance, 2006, 61 (2): 893-919.

[17]   FRANK S D, HENDERSON D R. Transaction costs as determinants of vertical coordination in the U.S. food industries [J]. American Journal of Agricultural Economics, 1992, 74 (4): 941-950.

[18]   BINSWANGER H P, DEININGER K, FEDER G. Power, distortions revolt and reform in agricultural land relations [M] // BEHRMAN J, SRINIVASAN T N(eds).Handbook of Development Economice, North Holland, 1995.

[19]   WARD R W, DASSE F A. Empirical contributions to basis theory: The case of citrus futures [J]. American Journal of Agricultural Economics, 1977, 59 (1): 71-80.

[20]　陈炜，沈群.金融衍生产品避险的财务效应、价值效应和风险管理研究 [M].北京：经济科学出版社，2008.

[21]　陈训波，孙春雷.农产品价格波动与订单农业违约风险：基于契约理论的分 析 [J].西南民族大学学报：人文社会科学版，2013 (9).

[22]　陈欢.南方建材公司钢材期货套期保值方案设计 [D].兰州：兰州大学，2011.

[23]　董珊.中国农民对期货市场的运用研究 [D].北京：首都经济贸易大学， 2011.

[24]　辜胜阻.进一步规范和完善农产品期货市场 [N].经济日报，2007-05-16.

[25]　龚晨晨，丁昊宁.大豆榨油企业套期保值方案设计 [J].甘肃农业，2007 (8).

[26]　郭科.利用期货市场保证我国订单农业的健康发展 [J].经济纵横，2004 (6).

[27]　何蒲明.利用农产品期货促进农业产业化经营的发展 [J].粮食问题研究， 2008 (1).

[28]　何蒲明.利用农产品期货市场促进粮食物流发展——基于粮食安全的视角 [J].经济管理，2009 (2).

[29]　贾万军，张玉智.农业政策性金融支持现代农业发展的对策研究——以吉林 省为例 [J].开发研究，2010 (5).

[30]　孔旭成.农产品期货市场服务农业产业化模式研究 [D].南宁：广西大 学，2012.

[31]　康松，康涛.订单农业：实现农业产销一体化经营的好方式 [J].当代财 经，2002 (10).

[32]　李彬.利用期货市场转移订单农业违约风险 [J].江西财经大学学报， 2009 (4).

[33]　李彬."公司+农户"契约非完全性与违约风险分析 [J].华中科技大学学 报：社会科学版，2009 (3).

[34]　李海远.我国农产品期货市场功能研究 [D].杨凌：西北农林科技大学， 2010.

[35]　李梅，崔丽歌，贾云鹏.中国上市公司关联方交易内部控制研究 [J].西北 师范大学学报：社会科学版，2010 (3).

[36]　李明辉.论我国衍生工具内部控制机制的构建 [J].会计研究，2008 (1).

[37]　李艺欣.以农产品期货市场推进农业产业化发展探讨 [J].农业经济， 2012 (1).

[38]　刘岩.利用期货市场帮助农民避险增收初探 [J].中国流通经济，2006 (1).

[39]　刘庆富，张金清.我国农产品期货市场的价格发现功能研究 [J].产业经济 研究，2006 (1).

[40]　刘旗，张继承.对农产品"订单+期货"模式的经济学思考——以吉林四平

为例 [J]. 经济经纬，2009（6）.

[41] 卢小广，吴剑平.订单农业履约率的概率辩护 [J]. 经济问题，2005（3）.

[42] 马述忠，汪金剑，邵宪宝.我国战略性农产品期货市场价格发现功能及效率研究——以大豆为例 [J]. 农业经济问题，2011（10）.

[43] 梅德平.订单农业的违约风险与履约机制的完善——基于农民合作经济组织的视角 [J]. 华中师范大学学报：人文社会科学版，2009（6）.

[44] 聂婴智.反垄断法对农业产业化制度性的影响 [J]. 商业研究，2013（1）.

[45] 乔立娟，王文青，聂立川.农业产业化进程中农户风险防范机制研究 [J]. 农村经济与科技，2011（8）.

[46] 任瑜.农产品期货市场的非理性行为研究 [D]. 成都：四川农业大学，2008.

[47] 沈培.发展农产品期货与提高农业国际竞争力探析 [J]. 安徽农业科学，2007（19）.

[48] 孙敬水.试论订单农业的运行风险及防范机制 [J]. 农业经济问题，2003（8）.

[49] 谈圣伊.浅析利用期货市场功能规避订单农业风险 [J]. 价格理论与实践，2007（4）.

[50] 谭礼书.基于期权期货的订单农业违约风险研究 [D]. 杭州：浙江工业大学，2013.

[51] 唐润芝.龙头企业与农户的联结模式及利益实现 [J]. 重庆社会科学，2011（12）.

[52] 涂国平，冷碧滨.基于博弈模型的"公司+农户"模式契约稳定性及模式优化 [J]. 中国管理科学，2010（3）.

[53] 王慧，王玉文.农产品期货市场功能及其最优协调套期保值比率 [J]. 哈尔滨师范大学自然科学学报，2015（3）.

[54] 王汝芳.中国农产品期货价格发现功能的实证研究 [J]. 北京工商大学学报：社会科学版，2009（4）.

[55] 伍婷婷.我国衍生品套期保值对企业价值影响的实证研究——基于风险管理的研究 [D]. 重庆：重庆工商大学，2010.

[56] 吴一斌.农发行支持订单农业的政策取向 [J]. 农业发展与金融，2001（12）.

[57] 许月，张巍巍.关于农业政策性金融支持农业产业化的思考研究 [J]. 农业经济，2012（7）.

[58] 徐长宁.我国黄金期货上市的意义及投资策略分析 [J].中国金属通报，2008（2）.

[59] 徐宁，党耀国，丁松.基于误差最小化的GM（1,1）模型背景值优化方法 [J]. 控制与决策，2014（12）.

[60] 杨芳.美国农产品价格风险管理的经验及借鉴 [J]. 农村经济，2010（2）.

[61] 杨芳.利用期货市场管理订单农业违约风险的实证分析 [J]. 农业技术经济，2011（5）.

[62] 杨慧，蔡文著.订单农业中龙头企业与农户合作关系研究的新进展 [J]. 河北学刊，2013（2）.

[63] 叶兴庆.增加农民收入要有硬措施 [J]. 调研世界，2002（4）.

[64] 云志杰.科龙公司套期保值及套利研究和方案设计 [D]. 成都：四川大学，2004.

[65] 张淑焕.中国农业生态经济与可持续发展 [M]. 北京：社会科学文献出版社，2000.

[66] 庄大昌，丁登山，董明辉.洞庭湖湿地景观特征与农业产业化模式研究 [J]. 人文地理，2003（4）.

[67] 赵西亮，吴栋，左臣明.农业产业化经营中商品契约稳定性研究 [J]. 当代经济研究，2005（2）.

[68] 周衍平，陈会英，姜爱萍.山东省订单农业发展状况与问题 [J]. 中国农村经济，2002（5）.

[69] 周沅和.农业产业化中龙头企业的作用 [J]. 广西农学报，2004（6）.

索引

后记

　　本书是在我主持的新疆生产建设兵团哲学社会科学基金项目"利用农产品期货市场促进兵团农业产业化升级研究"的研究报告基础上修改完成的，本书的选题和构思、研究方法的确定以及内容的修改都离不开石河子大学商学院各位同事的帮助和建议。

　　感谢兵团经济研究所的陈文新教授、兵团党委党校的强始学教授和石河子大学的何剑教授，他们在课题研究中给予我无私的帮助和支持，使我在撰写研究报告时眼界更宽、思路更广。感谢张娜博士和谢婷婷教授，研究生王亚青、吴悦、李娟、陈玉路和吕婷婷，他们分别参与了本书第3章、第5章和第6章的文字修改、数据整理、实证分析等工作。感谢我的好同事黄霁红、高岩、倪超军、李晶、武晓雯、周蕾、强国民、郑浩、陈玉芝、张健在我遇到困难时给予我帮助和鼓励。感谢何晓玲老师、米会龙老师和肖庆华老师在课题研究工作中给予我帮助。感谢石河子大学王永静教授在工作和生活中给予我无私帮助。感谢东北财经大学出版社的领导和工作人员对本书的出版给予支持。

　　最后，还要特别感谢全力支持我学习和工作的家人。我的父母虽然

目不识丁，但在我彷徨和困惑时给予我鼓励和支持；我的丈夫丁铭先生
在生活和学习上给予我无微不至的关怀和照顾。

借此机会，感谢所有曾经帮助我的人，感谢你们的关心和鼓励！

孙志红

2017 年 1 月